Crowd-funding

众筹很盲

金满铮 著

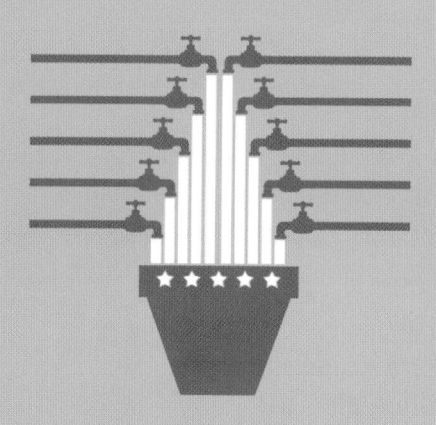

有产品没销路？有创意没资金？扔掉那些旧观念吧，
因为你只需要玩一次众筹！

中国书籍出版社
China Book Press

图书在版编目（CIP）数据

众筹很盲/金满铮著.—北京：中国书籍出版社，2017.9
ISBN 978-7-5068-6534-0

Ⅰ.①众… Ⅱ.①金… Ⅲ.①融资模式—基本知识
Ⅳ.① F830.45

中国版本图书馆 CIP 数据核字（2017）第 242543 号

众筹很盲

金满铮　著

图书策划	牛　超　崔付建
责任编辑	戎　骞
责任印制	孙马飞　马　芝
出版发行	中国书籍出版社
地　　址	北京市丰台区三路居路 97 号（邮编：100073）
电　　话	（010）52257143（总编室）（010）52257140（发行部）
电子邮箱	eo@chinabp.com.cn
经　　销	全国新华书店
印　　刷	三河市明华印务有限公司
开　　本	650 毫米 ×940 毫米　1/16
字　　数	225 千字
印　　张	13.5
版　　次	2018 年 1 月第 1 版　2018 年 1 月第 1 次印刷
书　　号	ISBN 978-7-5068-6534-0
定　　价	45.00 元

版权所有　翻印必究

金满铮

未来，要么众筹，要么愁！

2004年导演梁旋做了一个梦，他梦到自己跟大鱼海底同游，萌生了一段神奇的情缘。2004年，梁旋和张春把这个梦做成短片参加比赛，片子很受欢迎，两人次年组建公司，希望能把这个梦拍成电影，但问题是——他俩没钱。

12年后，《大鱼海棠》以5.6亿的超高票房杀出大片重围，在国产动画史上写下了浓重一笔。影片尾板，创造了幕后最多人员答谢记录。原因是——这部动画的拍摄费用是众筹的。

众筹让梁旋不但获得了电影的第一笔启动资金。最初的4000人及他们的友人，也成了电影的"志愿者"，他们奔走相告，寻找各种推广电影的方法。电影做了12年，他们奔走了12年。

因为众筹，梁导拥有了4000名不用开工资、反而给他钱、甚至比他还努力的员工！而且给梁导打了12年工。

众筹很盲

这，就是众筹的奇迹。

从智人靠众筹打败尼安德特人伊始，众筹的神话在人类历史中屡屡闪耀。落后的欧洲为了大航海的梦想而众筹，信徒为了安放内心忏悔的教堂而众筹。没有众筹，都不会有奥林匹克。连股份公司的产生背后，也是众筹的逻辑。

当下，随着人以群分的移动场景时代来临，随着越来越多的众筹服务平台出现，每个人都可以为自己喜欢的产品、事业、梦想甚至偶像来众筹。

你想养成偶像？你可以众筹一个SNH48。

你为发烧而生？你可以众筹一个小米。

你想改变骑电动车很LOW的样子？你可以众筹一辆小牛。

你想用一元钱改变世界？你可以众筹一个壹基金！

众筹在这个时代，让我们深深地被"参与感""共同的兴趣""你的生命我给的""我们都爱这货""老板请为我们这群人代言"等等所洗脑，而这也是互联网造物选票的最佳形态

我支出的资金，就是选票。去选，代表我的梦。去选，标识我的物。而每一个众筹的项目，如同上台宣讲的候选总裁一样，等待C2B的电商验证。等待你愿意为我花多少的"唱票结果"。

于是，老板们再也不能拍脑门，拍出一个点子就去量产！投资人也不会因为一个精美的PPT，而选择信你。

众筹变成了检验团队综合运营能力，链接粉丝能力和爆款潜力的试金石。试的石多了，就有了"金"老师。

金满铮老师在最近几年，因为工作原因接触到了很多众筹项目，

从平台规则的探讨，到产品众筹点的梳理；从设计视觉的把控，到众筹档位的设置。每一个环节，金老师都试过很多，被很多平台戏称为"众筹小王子""最懂众筹的兼职小二"。

"很忙"的金老师把自己多年"忙活"的案子，整理成册。他用众筹写序、众筹做封面、众筹写案例的方式写这本书！书还没卖，每个参与众筹的人，都定了个十本八本的，这就是众筹的"不要脸"魅力！

如果你还没有做过众筹，如果你还在用传统的方式销售！

那么，"很忙"的金满铮老师的这本《众筹很盲》，一定可以帮"瞎忙"的你，导一导盲。

京东 IP 内容电商顾问专家、妙创意联合创始人——苏然

目 录

未来，要么众筹，要么愁！　　　　　　　001

第一章　新营销论

老板，我们能不能好好聊聊　　　　　　002
不同性格适合不同工作　　　　　　　　005
你是谁，取决于你跟谁在一起　　　　　009
老板，请让你的产品变成商品　　　　　014
电商平台上到底卖什么　　　　　　　　020
写爆款详情页只需"三点"　　　　　　028
你走你的"冲量道"，我走我的"IP桥"　032
你家孩子穿GAP吗　　　　　　　　　　038
短视频的风，你追吗　　　　　　　　　041
甲方，你真的爱我吗　　　　　　　　　044
找主播不如自己当主播　　　　　　　　048

第二章　众筹感悟

众筹，原来可以如此简单　　　　　　　　052
众筹，原来可以如此不简单　　　　　　　060
众筹之后，我们该怎么办　　　　　　　　063
场景电商下的众筹　　　　　　　　　　　067
众筹都4.0时代了　　　　　　　　　　　　073
产品定制众筹
　　——从你喜欢开始　　　　　　　　　079
策划三元论看众筹　　　　　　　　　　　083
做众筹是挣钱还是花钱　　　　　　　　　086
破千万众筹，这么运营一定行　　　　　　090
众筹一个亿不是梦　　　　　　　　　　　097
设计上的微创，也是一种流　　　　　　　101
一代猫王，众筹的辉煌　　　　　　　　　103

第三章　众筹案例

不被关注的非电商产品卖爆平台
　　——《黄河万里图》邮票珍藏折　　112

教男人穿衣从科技开始
　　——三件客 3D 量体定制衬衫　　118

双"11"引爆 3D 入门级产品
　　——Aladdin3D 打印机　　123

智能旅行从芯开始
　　——YOOTOO 智能旅行箱　　128

社群电商开启品牌神话
　　——龙牙永久抑菌除臭银离子内裤　　135

智能母婴产品从安全出行开始
　　——贝适宝智能儿童安全座椅　　139

男人的角度看怀孕之"成就爸业"
　　——优孕保孕期全程智能专秘　　144

品牌生态链的强大爆发
　　——云米超能净水器 V1　　148

旅游场景电商第一炮
　　——都市精英 3 天 2 晚厦门之旅　　153
让场景电商落地
　　——贝京致，开创高端插座新境界　　159
声音从此可以不一般
　　——塞宾 Alaya3D 录音耳机　　165
四次元的生活
　　——卫叔的梦想　　175
一个照顾男人胃的产品
　　——上成堂海参　　181
最新的科技玩具
　　——AR 英语立体秀，为爱同行　　186
北美人的北美味道
　　——科贝尔胶囊咖啡机　　191

附录：金满铮服务的众筹项目　　198

第一章　新营销论

01 老板，我们能不能好好聊聊

在这个急于求成的时代，更多的传统加工与制造企业开始被迫转型，当一个老板真正面对"电商"这个陌生的领域时，他们更多的是犯懵，不知道如何"触电"，或者说不知道怎么"触电"才最保险。如何在最短的时间，快速地进入这个圈子，已经成为他们最大的心病。而解决他们的心病，也是我这几年的追求目标，能开个电商咨询诊所，确实是个"刚需"。

第一讲，众筹，我们到底要干什么？

从我入行到现在，接触了不止100个品牌商，鞋包、衣服、护肤品、玩具、科技产品、智能穿戴，等等。一路走来，我接触到了形形色色的客户和项目。

客户们都满怀希望地找我做众筹，咨询电商相关知识，让我深深体会到电商世界是如此直接和有意思。现在，我已经整理出一些"套路"，可以跟不同的客户聊两个小时之久。而我的这些"套路"也帮我解决了不少问题。我的眼里，工作上的优秀人才分三种：第一种是实干的，第二种是布道的，第三种是套路的。套路在我的词典里是贬义词，因为它背后充斥着阴险和计谋。有人说我说话有意思，也有人说我讲东西没重点，这些我都承认，有意思是因为我吸收的快乐比痛苦多，没重点是因为我逻辑思维极差。

我是一个非常勤奋的人，大家说我的套路，都是我通过实干总结的理论。首先，我见到陌生人，会打招呼、微笑、换名片。如果哪次没做到，说明我没想"套路"你。其次，我会秀我的段子。我的段子和肢体语言可以表演两个小时，可能是在讲相声，可能是在写板书，还有可能是给你的品牌诊断。

我的"病人"一般分为两种：一种是，进入瓶颈期的电商朋友；另一种是，处于迷茫期的准备做电商的朋友。

先说第一种，他们有的已经做得很好了，而且有的做得好久了。论资历、论资金、论人脉都不差，但为什么会进入瓶颈呢？因为他们被固化了，被平台束缚了。又不知道如何突破。他们来找我，便是咨询解决方案。作为我们公司第一个接待他们的人，我会用看似系统性的几个问题投石问路。他们如果梳理不清楚，但还能做得好，那么原因就很明显了，无非是运营不错、客户靠谱、关联销售到位。那众筹对于这样的客户来说，就是提供一个新的营销突破口，可以推新品，也可以拓展新行业试水的渠道。

这时该怎么做呢？从品牌定位到 VI 设计，从店铺装修到卖点提炼，从九秒视频到模特拍摄，从实验对比到客服冲量，给他们重新审视，然后给出合作的众筹方案。

另外一种才是我真正的"病人"。他们就是准备被"电"的老板，但还没"病入膏肓"，大多是传统企业或者创业家，虽然迷茫，但信心满满。他们有的懂技术，有的懂营销，有的懂设计，有的懂市场，有的什么都不懂。

我的工作就是用我所知道的用户营销心理学，把他们的"病"诊断出来，给他们出基本的"药方"。每个从我们这里走出去的"病人"，都说受益匪浅。我坚信这句不是社交平台上简单的恭维话，因为我看到他们嘴角流露出认同的微笑。

因为众筹，让我跟很多老板发生了交互。因为众筹，我帮助许多企业开始了电商之路。因为众筹，企业打进了互联网用户的眼帘，成为一个行业的新品牌，或者快速聚焦为一个细分领域的意见领袖。我不敢保证服务过的每个客户都对我的内容和结果满意，但是他们至少知道，电商最小的试错成本，可以是一次产品众筹。

02 不同性格适合不同工作

军事上说，兵马未动，粮草先行。对于电商企业，不论是否要做众筹，我个人觉得，首先要有一支基础配置的团队，这样才能把电商运营执行起来。

第二讲，做众筹，我们要什么样的人。

在一个电商公司，什么性格的人适合什么样的职务呢？那就要先分析电商公司到底应该有哪些部门。我的答案是四个大部门：产品、运营、客服、仓储。

通过不断地了解和反复求证，我得出一个结论。而这个结论又可以借用《西游记》来解释。西游记的团队是四大名著中唯一取得成功的一支。在这个团队里，每个成员的性格特点都十分鲜明。先说说唐僧，他相当于企业中的老板，自然少不了老板该有的天赋和机遇。

对于一个团队来说，肯定有这么一类人：工作能力强，人脉关系棒，做事风风火火，不在乎后果。他们大多数都不服管，时不时还让老板有点难堪。这类人我不说大家也知道，他们就相当于西游记中的孙悟空，典型的业务骨干。这类人能能独当一面，能应对所有对外的工作，团队60%的业绩是他们帮着完成的。针对众筹来说，业务骨干的主要工作是外联媒体和平台，做好线下传统渠道的双向打通与售后服务。使得众筹期间的销量有质的提升。目的是通过线下引流，起到线上推广与聚焦的作用。

其次就是工作中有远见、有危机感的那批人。他们怕出问题，总觉得压力大，时不时给领导说些真话，给老板膨胀的大脑清个醒。他们是领导身边的贴心助理，他们总能洞察到各种危机与问题，也能让老板茅塞顿开。西游记中的二师兄就是这类人的真实写照。团队中有了他们，便可以更好地往前走，少走弯路。众筹需要这样的小伙伴，他们的主要作用是看整体推广的效果和引流的转化，时刻给老板敲警钟，规避众筹中可能出现的所有风险。比如客户的投诉、物流的瘫痪、产品的售后，包括整个项目与平台的结算和对接

第三类便是踏实肯干又务实的职员。他们的能力与作用可以让剩下40%的业绩妥妥地完成，最好的职务是产品与财务。西游记中的沙悟净就是他们的写照。以众筹为例，这类职员是最好的技术与产品迭代的发现者，因为他们可以敏锐地观察到客户的反馈，从而提升产品的各项参数喝用户体验。特别是整体的外包装设计、资金走向、数据分析，以上内容都是他们最擅长的事情。

这里我还要说一下第四类人，也就是白龙马！白龙马给大家的印象不深，但很多时刻，就是需要这类人来扭转局面。他们总是在大家思维已经固定的时候，给出一个剑走偏锋的点子，最后完成任务。他们在众筹上能发挥什么作用呢？我的答案是，他们可以负责整个项目的公关事件营销和新颖的推广。众筹可以通过借势做更多的内容营销，去影响受众及边缘受众，特别是流行的知识付费，也是他们比较喜欢尝试的手段。

我服务的客户，大多是创业初期的团队。我认为团队里除了上述四种不同类型的人外，还要具备以下四个特性：有信仰、善良、识人、能干。

在互联网思维时代，你要是连创业的idea都没有，那真是要被淘汰了。谁都想找天使投资，也希望能在风口弄出点名堂。反推，投资者投的到底是什么呢？答，团队。团队的灵魂是什么？带头人。大家耳熟能详的创业者——BAT的老板。我不知道他们的成功到底有多难，我只想拿个古代人来分析一下，所谓的创业者气质。

我是个三国迷，在众多君主里，我最喜欢刘备。不是因为他是《三国演义》里的男一号，而是因为他是草根创业成功者的典范。刘备是皇族的后裔，意味着他有了第一个气质——信仰。信仰这个词我经常说，但多少人能理解透彻呢？我觉得我自己尚未参透。

人还是需要梦想的，万一实现了呢？刘备可能没有诸葛亮聪明，没有关羽忠义，没有曹操有野心，没有孙权的背景，没有周瑜的俊俏，但他有一帮兄弟，有一批忠诚的文臣武将跟随。为什么？因为他有信仰——匡扶汉室。从另一个角度来说，信仰的前提是要包装。

他是皇叔，有这么好的社会地位背书，再加上从未变过的信仰，无数人愿意为他出力。刘备家境不怎么好，信仰也许是先天带的，但其他的气质绝对是后天培养的。

刘备很善良，他不像曹操那样稳准狠。他愿意听取别人的劝诫。不会跟部下过分计较，对待每个部下都很友善，包括他的臣民。对天下善，天下便会善待你。人不可能没有缺点，不过这不是我们这次讨论的重点。

刘备的善，小说已经表达得淋漓尽致。接下来我想说说创业人需要有的第三个气质——会识人。

刘备在三国杀里有一个重要技能——仁德。意思是把资源分配给对的人，物尽其用，人尽其能，让团队更强大。曹操有文武官上百位，而刘备只有五虎上将，和卧龙凤雏。这从一方面说明，刘备会重点培养骨干力量，以点带面。从不好的一面分析，后备力量差，也会让团队后劲儿不足。

对于众筹来说，也是按方抓药。项目首先得有一个项目经理。其次要有策划和文案，来把卖点提炼并表达出来。再次是视觉团队，要有设计和视频团队支持。接下来要有运营执行项目的团队，同时也要包含客服和仓储物流。所以一个众筹项目最少需要8个小伙伴。

03 你是谁，取决于你跟谁在一起

每一个品牌成长故事，都是一个企业负责人的故事。而能做品牌的人都喜欢讲情怀，只有技术加情怀，我们的产品才有血有肉，才有可能成功销售出去。既然我们了解了需要要做什么，需要什么样的人。那接下来第三个问题便由此而生。

第三讲，众筹产品是什么，它是解决什么问题的？

通过我们服务的项目，我深深地体会到，如果你是老板，不为电商转型，那么你的公司、你的企业、你的品牌，甚至整个行业都将有可能消亡。这话似乎有点夸大其词，但我想先给大家讲一下我的感受。

企业负责人不知道自己要品牌还是要销量，太多的客户想做好品牌，同时也要顾及销量的提升。但新品牌很难在不打广告的前提下站稳脚跟。

做品牌，需要养，需要广告推广，需要产品定位，需要人群画像，需要太多东西。而做销量，只要找一个很好的运营，利用各种销售方法就可以了。

无论做不做品牌，都要先弄清楚5个问题：你是谁，你在哪儿，你打算卖给谁，你卖什么，你怎么卖。

简单地说，你是谁，就是用一句话来阐述你的品牌和你的定位。比如加多宝——凉茶领导品牌。妙创意——电商界的保姆。关于"你是谁"，说白了就是用一句话来说明自己品牌的核心竞争力。

你在哪儿？我指的是你的品牌出现在哪个电商平台。比如在天猫还是在京东。你在哪里，就决定了你的消费人群。京东，3C数码为主导，但是现在也有变化。当当，图书类目的首选。1号店，食品生活类产品的大超市。聚美，美妆的代名词。唯品会，大牌尾货的集聚地。每一个定位都可以不同，消费人群结构也有细分。你的产品到底在哪里卖，就意味了广告语和包装设计会完全不同。

你卖什么？我要想帮大家弄明白，在现在的电商平台中，大多数胜出的不是靠品牌，就是靠低价。这里引用一位老师的话，即"好产品会说话"。自己有流量，就可以提高销量。每次给客户分析的时候，我就会问对方是卖产品还是服务，是品牌还是感受，或是其他什么。但大多数客户的答案都是产品+。比如产品+服务、产品+感受、产品+品牌。其实大家都懂，在产品价格没有优势的前提下，谁做到更好的产品服务或者关联销售，谁就能脱颖而出。试问，你会不会买星巴克的杯子，会不会买麦当劳的儿童玩具，会不会买陌陌表情出的移动电源。答案是，若你喜欢这个品牌，那它的周边你也同样会喜欢。

你怎么卖？这个问题是是多数企业负责人困扰的一个问题。当产品销量持续得不到改观的时候，我们要不要换个思路和方法。转战平台，增加关联销售，做品牌合作战略，等等。换平台时，一定要根据自己产品的特点选择。可以增设产品周边。

你的品牌是不是和其他品牌有同样的受众群，要不要强强联手呢？日常中，很多方法可以使用，在这里我要做一点保留，不再赘述，因为不同产品适合的方法是不同的。我是一个典型的用户体验营销家，我关心的是用户，而非产品优势。

你真的了解产品的消费者结构吗？

这里我们以农夫山泉为例。大家都记得农夫山泉最早的广告语：农夫山泉有点甜。但为什么是这句呢？答案很简单，他想跟抢占儿童矿泉水市场。

一般的妈妈（客户）都不会给孩子买饮料，但是当妈妈们（客户群）听到广告语的时候，就会下意识地为孩子（用户）下单，以解决孩子不喝水的痛点。据我分析，农夫山泉最早切入的是儿童矿泉水细分市场，是要解决两类人的问题——客户与用户。一方面，农发山泉是通过广告语的包装，解决客户购买产品的顾虑，增加产品的营销机会，缩短决策成本反射弧的时长。另一方面，于孩子而言，商品本身并不是很甜，或者大多数用户说不甜，那为什么还能持续销售呢？因为农夫山泉通过瓶子的包装设计，改变了用户的使用习惯。当年，农夫山泉的瓶口采用了拔起式设计，当时我们管它叫"奶嘴式"瓶盖,后来统称为"运动式"瓶口设计。而这种设计解决用了户体验问题,让更多的用户忘记广告语的"甜",而是感受到了"趣味"。但随着用户年龄的增长,这些用户都长大了,成了农夫山泉的忠实客户,并且会继续下单。现在农夫山泉的广告语,变成了"我们只是大自然的搬运工"。通过精准用户去影响大众用户,并且达到全客户的购买与偏好。

我给这个案例命名为"金字塔人群的两次翻转"。第一次通过细分市场吸引客户,针对用户痛点进行销售。第二次用精准用户带动大众用户,抢占全部市场份额,让多数客户进行下单。

你真的懂消费者吗?

我接触过做拉杆箱的企业负责人,他们是做出差专用拉杆箱的。跟品牌的高层进行了5个小时的探讨,我最终了体会到,客户的痛点才是卖家最大的动力。举例子,请问您出差最大的痛点是什么?

有人会说是，天气、航班行程、服装、酒店、忘带物品、充电和称重，等等。当我跟某品牌高层沟通的时候，对方一直在讨论拉杆箱和出差的关系。但是我不这么认为，因为当我们考虑的用户痛点多于产品优点的时候，卖家才有可能会赢。比如，有人担心刮风下雨，我会考虑拿箱子的防水耐磨等功能去解决。比如，航班行程。我会考虑以箱子尺寸来解决登机、赶火车的问题。比如携带衣服，自然会考虑箱子收纳的问题。比如住酒店，我会考虑箱子的品质、轮子的设计问题。

诸如以上所有的问题，都可以用产品来解决，而不是一味地说自己的产品如何专业。众筹产品本身也存在这4个不同的成长阶段，分别是样品、产品、商品、用品。

样品是每个产品最初的样子，也是原始的种子客户需求的动力。

产品是根据客户需求，研发人员会生产一批"小样"，并未批量生产。这个阶段是最让负责人兴奋的，毕竟是把想法转变成实物的重要环节。

生产商品是通过众筹渠道包装营销的最重要的阶段。

用品是产生二次购买的主要发生环节，总之而言，读懂客户和用户在不同阶段的需求，才有可能让产品二次投产与销售。

04 老板，请让你的产品变成商品

每一个老板都很辛苦，他们用了全部的精力去经营，甚至要上市。产品做不好，客户不高兴，产品做得好，同行不高兴。

第四讲，产品众筹要如何确定好品牌定位。

通过研究众多企业负责人的心理，我慢慢理解他们为什么开公司，为什么做产品，为什么有的产品能卖得好，有的却不能。大部分企业负责人只是把自己生活中的一个痛点，用他们的想法做出来，然后不进行过多包装就开始投放市场。有的是技术流，有的是渠道流，有的是营销流，有的是什么也不是。

比如有做卫生巾的男士，有做艺术衍生品的老师，还有做黑科技产品的老炮儿。我佩服有梦想的男人，也希望他们的梦想成真，可失败的案例也不在少数。

企业负责人对待自己的产品，就像父母对待自己的孩子，总觉得自家娃好，很难客观听取别人的意见，那些伪刚需和想象的"卖点"，鼓捣出来的产品是没有市场的。作为一个做了10年销售的我，总结出个方法论，可以让我身边的人速把产品变成商品。

你的产品到底好不好卖？那就要看到底要卖给谁，怎么做产品定位，怎么找卖点，怎么看市场需求，如何定价格。

我给我的方法论命名为"众筹产品的四维定位法"，内容分为四个板块：找毛病，看需求，定趋势，给价格。我希望用我的方法，把你的产品先包装成商品，再选择对的通路，推送到消费者面前。

找毛病要根据产品属性和类目，在大家熟悉或不熟悉的论坛里看评论，专门看负面的。为什么？因为只有看到一些负面问题，你才知道这个行业缺少什么产品。作为企业负责人或者研发人员，也去看看行业现在已有的品牌产品的弊端有哪些，取长补短，完善自己的产品。

拿我们将要做的胶囊咖啡的众筹项目来说，在咖啡相关的论坛，去听听那些正面或是负面的声音，便可以了解市场的现状。我推荐百度贴吧、百度知道，到这些通用的平台学习与反思。

众筹很盲

看需求是根据关键词，了解每个真实用户的反应与使用场景。这样能总结出来很多内容，包括用户的使用时间、使用场景、使用的城市，以及用户基本信息和使用心情，用户忠诚的品牌、产品的价格、产品的外观等。

>>> 第一章 新营销论

2016-10-4 03:20 来自

胶囊☕咖啡机可以的 操作傻瓜还味道丰富☕ ◎ 瑞士·葡萄园梯田及酒庄徒步路线

收藏　　转发　　💬 12　　👍 2

2016-10-12 07:23 来自

新胶囊咖啡机到后 每天的咖啡摄入量又得增加几个 shot🍵

收藏　　转发　　评论　　👍 4

首先这些内都是来自网友自发的内容，可信度很高。我们通过客户的行为轨迹，找到上文提到的内容，有时还会有一些意外惊喜，比如找到用户的品牌偏好，包括他们朋友的意见与看法。产品的数据调研费都省了，是不是很值呢？！

定趋势，根据网民的喜好程度，选择商品的流量展示与最佳上

017

市时机，搜索引擎是国内的互联网第一入口，比如百度。

百度最强大的不仅是一系列的商业化服务，它还有强大的非商业化的用户产品，例如，百度地图、百度云盘、百度视频、百度浏览器，等等。

那这些内容能帮产品获取更多信息，也能看到产品出现的样子与形式。搜索才是产品变为商品的强需求。因为前两者都是对现有产品的分析与点评，而搜索是为了新商品生产的原动力。

最后，我们谈一下定价。一个网络销量比较好的商品，不仅仅要在自家的官网销售，也不要在某一个平台一层不变地销售，而是应该去尝试多平台展示，将产品最大限度地展现给客户。关于定价，可以通过我之前提到的策划三元论，找到市场的真实需求缝隙，通过材质、外观、型号、品牌、产地，以及个性化参数去找到合适的价格。我个人喜欢99结尾的价格，也许有些人更喜欢88！

除了上述这四个维度，我们还可以做四件事：找粉丝、做话题、做流量、做背书。

首先可以在论坛里培养粉丝，许多铁粉和资深网友活跃在这里，他们对很多产品的热爱连品牌商都无法理解。不过垄断行业的商品，有时无法突破自己，渐渐地没落就被后起之秀所代替。当别人不再谈论某个品牌或者商品的时候，说明它离开我们的日子不远了。

在社交媒体里炒话题，让更多的用户认识产品，让品牌效应无限裂变。好多朋友都跟我说，某快消品的社交账号已经火了这么多年，他们都很羡慕。但我想说，如果他们的内容好看、好玩、有创意，用户就会多买呢？答案是，肯定不会，这只是让更多的产品成为商品的其中一步，让用户喜欢它。至于消费，还要看流量和电商平台营销！

在搜索入口找有效推广，而不是纯做广告。通过百度指数的数据，我们知道视频网站、垂直APP、热门直播平台可以用。这些新的渠道，可以看到商品以用户最喜欢的方式展现，比如软文内容、礼品兑换、线下活动。搜索确实是线上购买的刚需入口。

在电商平台做信任背书，是OEM和微商创业者翻身的最快渠道。电商平台不缺大牌，而没有差异化的好商品。当你的商标还是™，当你还没有好的销量，那么尝试在大平台做背书式的营销是最快的弯道超车方法，平台可以是你展示的阵地，也可以是支付的依托，想象刚刚破1个亿的PowerEgg！

通过以上讲述的理论和分析，我们正在准备一个胶囊咖啡机的产品，是否能把它做成爆款，那就要看我们的能力了，期待胶囊咖啡机不仅仅是咖啡，未来也是一种喝饮品的理念，望众筹上市大卖。

如果你还不能理解我如何把产品做成商品，那我可以在回顾一下。首先是把用户的场景痛点找到，其次是产品的功能特点优化，而最后才是把商品的卖点提炼，最终通过社交，论坛，搜索，电商多平台营销，达到产品到商品的完美蜕变，这就是我的营销理念！

众筹很盲

05 电商平台上到底卖什么

有人问我,电商到底是在做什么的。我每次都会说在卖"图",如果还有人问我,除了卖图,就不卖别的了吗?我的回答肯定是卖"贱"!

第五讲,电商平台上到底在卖什么。

客户来电商如果不是图便宜,完全可以去线下实体店。别说来电商可以不出门,有快递送到门,这些说法都是某些商品方自己的想法罢了。我觉得,这些卖方可以试着将价格调高,甚至超过线下价格,他们会发现,客户最起码得少五成。

电商真正在卖什么呢?我作为一个圈里人,一直认为是在卖视觉,也叫视觉营销。往直白的说,就是卖图。而同样是图,卖得好的产品,除了修图,就是卖带有场景的图,或者卖可以联想场景的图。

>>> 第一章 新营销论

先说说第一种，带有场景的图。我展示两个我们服务过两个品牌客户。

第一个是铁血网的龙牙产品。

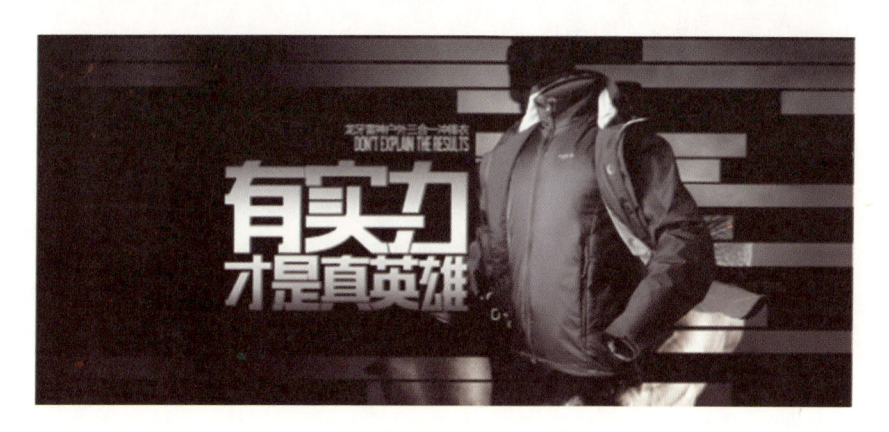

看了照片，是不是觉得好高大上。这就是我们营造的大片，超高格调的视觉营销，让你喜欢上，并且产生产品认同感，感觉自己就是英雄，只有军迷才看得懂这些"装备"。现在给大家看看照片最初的样子，是不是会被吓到呢？

众筹很盲

第二个案例，科尔沁牛肉。

看看过去的视觉是什么样子。

是不是有点太平面了，再看看场景展现的效果。

>>> 第一章 新营销论

下面几张是细节图：

只精选优质牛肉，自然腌制入味，极致美味！

内蒙草原源产地直供，582天自然放牧，肉质无比纯正！
北纬45°，4000万亩天然牧场，科尔沁大草原富饶的阳光、雨水、青草凝练，肉质无比纯正！

023

众筹很盲

好吧，请忘记上面的样子，看看我们的照片！

照片是不是立马勾起了你的购买欲？再来看看页面！

>>> 第一章 新营销论

Kerchin's Gourmet Beef
科尔沁的美味牛肉

黑椒牛排x1

Kerchin's Gourmet Beef
科尔沁的美味牛肉

西冷牛排x1

众筹很盲

感觉如何，是不是整体提升了好几个层次。你有没有被充满真实感的牛肉所打动，有想夹一筷子的冲动？如果有，我们就做到的视觉转化了。

接下来我讲个故事，说说什么叫可以联系场景的图。

有一个卖内衣的老板，在淘宝开了店，销量一般。由于运营还可以，价格相对有优势，店铺也就一直运营着。公司本身也不大，总共五个人：老板、设计、文案、打包、网管。可是随着天猫的崛起，这家内衣店的生意逐渐萧条。于是老板召集其余四个人开会。万万没想到，网管想了一句文案，解决了这个产品销量的问题。网管在现有的广告图上只改了一句——要不要让你的学长多看你一眼！

结果呢？点击率和销售明显上去了。可是好景不长，不到两个月销量就降下来了。老板同样又把网管叫过来，问他能不能再想个办法。网管便在现有的文案上换了一个词，销量继续回暖。他改的是，"要不要让你的老板多看你一眼？"是不是很厉害！

06 写爆款详情页只需"三点"

每年的双 11 都是电商的一场视觉和折扣盛宴，作为电商，如果你不能参加这个大节日，不趁机掌握好流量营销，那这一年就过去了。

第六讲，在一个看脸的时代，众筹爆款详情页应该如何制作。

不论是不是众筹页面，我都建议大家尝试一下我的"三点"理论，就是从三个角度分析商品本身。

痛点：每个人对商品的原始点，分客户的和用户的。

功能点：一般是品牌商最擅长的技术优势、外观优势、价格优势、品牌优势等，统称为"非人话"。

卖点：商品最能解决买家第一需求的"功能点"的包装，三个为佳，通常表达方式是"说人话"。

我陈述得比较简单，因为是精髓。接下来用过三个案例进行分析。

第一个是龙牙的银离子除臭男士内裤。

先考虑买家最大的痛点和特点,首先是男人,其次是一帮军迷爱好者,最后是喜欢户外活动、年龄相对成熟的人。

他们的痛点是什么?是换洗和味道问题。

产品的功能点是什么?是银离子除臭技术。但似乎女性用户和部分男性用户不理解,感觉这个名字太过专业。

产品的卖点是用给军迷听的营销语言,打透他们的身份感和仪式感,让他们觉得这款内裤是属于他们的"装备"!一个层面是展现他们是很Man(好的方面),另外一层是解决有异味的烦恼(不好的方面)。

最终的卖点文案是"拯救你的男人味!"

第二个案例,是我购买的产品——oxelo的滑板车。

痛点是，很多上班族从出地铁到公司，走路需要很长时间，偶尔还会迟到。如果有一辆代步车，那必定会特别靠谱。

功能点是这辆车折叠方便，轻便。

卖点是能解决很多上班族短途代步的问题，方便，还不沉，重点是还可以省时间。

最后我给它总结了一个卖点——一脚踹。生动形象，而且能满足用户基本需求，快速转化。

我选的案例都很简单，而且通俗易懂。在写详情页的时候，多考虑用户感受，不要想象用户痛点，不要夸大产品功能点，同样也不要写客户读不懂的卖点。

众筹很盲

07 你走你的"冲量道",我走我的"IP桥"

我有一个朋友找到工作后,打电话问我要不要去。我问他是做什么工作的,他吞吞吐吐地说,是做亚洲大中华区华北片区电子商务B2C平台模拟线上用户购买并支付品牌店铺产品的真实消费购物行为服务的。我恍惚了一下,总觉得哪里不对,又觉得跟电商有些关系,就十分认真礼貌地问道:"你给我说人话!"他说:"冲量!"

第七讲、如何利用IP的营销方式,升级简单粗暴的"冲量"营销。

排名无处不在,冲量皆有可能。

当我听到冲量,总觉得这是电商行业的事,没想到我的朋友居然找我帮他冲量。这年头,不论是吃饭的还是打车的,只要存在"排名"机制,就会出现冲量现象。大家听到冲量这个词,感觉是虚假的交易,这样做会让那些物美价廉的商品淹没在大家的视线里。我看到过一些不错的文章,其中一句写道:"冲量找死,不冲量等死。"

冲量一般可分为单品冲销量,为做爆款等做准备,和冲信誉以提高店铺整体信誉度两种。

如果你不做电商,那也应该知道的羊群效应。

"羊群效应"也叫"从众效应",是个人的观念或行为,受真实的或想象的群体所影响,而向与多数人相一致的方向变化的现象。表现为对特定的或临时的情境中的优势观念和行为方式的接纳(随潮),也表现为对长期占优势地位的观念和行为方式的接受(顺应风俗习惯)。人们会追随大众的意见,将自己的意见默认或是否定,且不会主观上思考事件本身的意义。

如果从众或者跟风已经是国人普遍的消费现象,那我们就不应该那么鄙视冲量,毕竟这是一个市场的需求,也是给用户提供心理安慰。冲量的目的,我个人觉得是,用好看的销量去撬动还没有购买的消费者的信任。想想我们身边的微商,就是典型的自己先"冲量",然后利用消费者的从众心理,和对卖家的信任,来一笔一笔转化并完成"下线"铺设。

冲量的目的是,用销量撬动信任度。

有人说冲量已经成为所有电商人的痛。据不完全统计,大多数商家每天都在冲量。也有的人说冲量也是无奈之举,不冲吧,每天没什么销量。冲吧,费用真是"伤身"啊!说到"伤身",我又想到一个故事。

一次电商交流培训大会，主持人在茶歇的时候进行了一次现场抽奖，奖金是100万。中奖的是一个卖女士内衣的老大哥。当主持人把他请到了台上，问他打算怎么花。老大哥拿起话筒，一脸严肃地说："我打算拿出一半的钱，去补上个月的冲量！"

主持人觉得这个大哥很朴实，就追问道："那剩下的钱呢？"大哥站在舞台上意味深长地说："剩下的冲下个月的！"

现在做电商的跟炒股票差不多，赚得少赔得多。冲量最大的作用是，让产品有基础销量，能被搜索，优化广告投放。

冲量不仅仅是冲销量、冲收藏数、冲人气，还有冲评论，更有意思的是也要"冲"差评，国内的很多电商平台都有冲量的。

一位老师说，流行就流量。流量电商存在的基础，就是电商行业跟搜索行业一样，存在着产品排名。

双11冲还是不冲，我说了不算。

如果你的产品还不是品牌，那就忍痛花钱吧。有个朋友告诉我，一个企业最低级的目标不是发展，而是存活。所有人都在说资本寒冬来了，我觉得不然。如果不投资了，企业不好做了，为什么还有那么多傻子在创业？！答，爱投资的疯子更多。双11来了马上就到了，你要是没有好的营销策略方案，那就继续"冲"吧，反正我们已经走在玩IP的路上了。

什么是IP？

我推荐两本书——《场景革命》与《超级IP》，都是吴声老师的著作。如果你还认为IP是电脑的用户地址，那我可要给你补补课了。

IP 是 Intellectual Property（知识产权）的缩写，是一种无形的财产权，也称智力成果权，它指的是通过智力创造性劳动所获得的成果，并且是由智力劳动者对成果依法享有的专有权利。这种权利包括人身权利和财产权利，也称为精神权利和经济权利。所谓人身权利是指，权利同取得智力成果的人的人身不可分割，是人身关系在法律上的反映。例如，作者在其作品上署名权利或对其作品的发表权、修改权等。所谓财产权是智力劳动成果被法律承认以后，权利人可利用智力劳动成果取得报酬或者得到奖励的权利，这种权利也称为经济权利。知识产权保护的客体是人的心智、人的智力的创造，是人的智力成果权，它是在科学、技术、文化、艺术领域从事一切智力活动而创造的智力成果依法享有的权利。知识产权是国际上广泛使用的一个法律概念。

名人品牌代言，名人衍生品，名人 IP 产品到底都是什么？

听着应该就是三件事，我来说说我的理解。

什么是品牌代言？就是找名人来为品牌代言，名人只收广告费，销量好坏跟他们没有关系。

名人衍生品呢？比如以有名人签名的帽子、游戏、水杯、耳机，等等，品牌可以是别人的，也可以是名人自己的。他收取的是所谓的代言费，也可以是销量分成，这种名人与品牌共担风险的，还是需要彼此考量。

明星 IP 周边，我理解的是名人写的歌，或是出演过的电影，售卖带来商业价值的产品或服务。

总结一下，第一种是品牌卖名人影响力，第二种是品牌卖名人粉丝购买力，第三种是名人卖自身的影响力。后两者跟销量挂钩，第一种只是品牌宣传。在我看来，电商客户更喜欢ROI高的合作模式。

好的IP不一定有好销量。

如果大家懂了IP，那我想说，像《西游记》这种名著是不是好IP？肯定是，有些IP转化为电影，有票房。有的转成游戏，也会有玩家追捧，但转化到实质的产品，就不一定有好的销量了。我们小时候的IP为什么不持续转化呢？比如《花仙子》《葫芦娃》等，它们是时代产物，没有内容可更新。但还有更多的国外的IP，比如《七龙珠》《火影忍者》《变形金刚》《哈利波特》《机器猫》以及漫威旗下的英雄们。好的IP要懂得持续制造内容，研究市场，研发商品。

IP是品牌商的双刃剑，就看品牌商有没有勇气尝试。

IP不是销量的保证，但它是品牌的放大器。合适的品牌找到合适的IP，永远是加分的。因为IP可以把自身的粉丝和流量转化给品牌商，提升名牌知名度和商品销量。但是如果选错IP，也可能降低品牌的品位。

做IP的目的是，用认同感撬动销售量。

我们公司服务过"陌陌""铁血网""暴走漫画""爱上超模"，这些IP都是有很强大的粉丝群体的，转化率相对高，也让品牌有了很好的内容和产品变现。

反过来看看冲量，卖家是用"假销量"和"假评价"蒙蔽客户。而做 IP 是用粉丝的认同感和喜好度，将其变成买家。一个是，别人觉得好，自己才敢买，发力是基于电商平台的排名机制和广告投放。另一个是，自己喜欢买了就买，还会推荐朋友购买，发力是基于粉丝长期的培养与事件性营销。

众筹很盲

08 你家孩子穿 GAP 吗

朋友跟我说，未来几年 GAP 在国内的实体店将关闭 50 家，原因是他们的线下市场竞争激烈，因为像 Nike 和 Adidas 已经侵占休闲装市场。

而我的观点和他不太一样，因为市场的变化，也会随着用户的购买场景与使用习惯有所调整，这也是我发现儿童服装市场缝隙的所在。

第八讲，消费者市场的演变，是否会影响消费者购买产品的使用偏好。

通过我的真实情况，分析一个行业和一个用户的消费心理，让众筹发起方知道如何做才是对的。

我们这一代人，大多数是电商客群，买衣服的渠道其实就两个：

线上、线下。线上，就是淘宝、天猫、京东等；线下，商场与折扣店。我们给孩子买衣服一般会选择淘系，而线下，我记得第一次买是在GAP。

先说说线上。线上小店的优势是，价格低，偶尔还可以还价，多买多赠。这类线上小店很受 80 后父母的青睐，毕竟他们当年也是这样给自己买的。

再说说线下。家长带孩子去购物，很多会选择综合型商场，理由是可以带着孩子玩，买衣服不枯燥。更重要的是，综合性商场里大多会有培训班、早教班等，家长的购物机会就更多了。

其实购物只是个结果，购买的过程才显得重要。很多家庭选择在综合型商场买衣服，主要是舒服点，边逛边消费。除了买衣服，还可以吃饭、看电影。我个人觉得，线下的综合性商场永远不会倒闭，体验是电商目前解决不了的刚需。特别是具有游艺设施的地方，能给商场提升客流量。

折扣店和商场的折扣活动，是我们主流的购买渠道。不一定是换季，但是可以去扫一些尾货，我在线下也积累了一些挑选童装的知识。比如，小童服装的尺寸是按宝宝月份（如 0 ~ 18 月）定的，而不是按年龄。好的童装会把商标印在服装外面，避免与皮肤摩擦；孩子的鞋子不要太早选购，因为鞋子是有季节问题的，而且最好选合适的码。

我现在深刻体会到一句话：品牌即年代，流量即销量。品牌的选择，更多倾向于我们父辈那个年代。我们这一代人比较随意，但也会有几个钟情的品牌。简单地说，一般情况下，父母买什么牌子，就会给孩子买什么。

09 短视频的风，你追吗

2016年最火的营销方式，我觉得是直播+网红+IP！电商只是卖图，谁的文案加设计好，谁的产品就能取得领先地位。大多数电商客户会发现，现在的成本投入和营销利润基本打平，怎么办？

第九讲，众筹上的小视频，是否是一个新的营销风口呢？

难道电商众筹只能这样继续下去了吗？回归本质看现象，用户来电商买东西到底图什么？图京东快，图淘宝便宜，图天猫品牌。那如果我们的商家还在拼内容、比照片、拼价格，谁能坚持到明天？我培训了好久，讲过文案和设计是基础，让更多的商家说客户听得懂的"人"话，但所有人都会说人话的时候，你还能做什么？

在PC端流量，被碎片化的移动端流量占据的年代，我们是不是更没有耐心看唯美的详情页了？答案是肯定的，时间都去哪儿了？

我们要展现给大家看什么呢？有人说，是利用网红拿着具有 IP 属性的内容，在直播上开"卖"就好了。我想说一句话，众筹的视频营销也同样重要！

目前众筹出现过好的视频，也有不少直播的推广方式，但大多众筹的直播都是手机版电视购物。那什么样的视频既是高大上的，又能展示产品本身的调性与使用场景呢？

视频要真实地还原消费者的使用习惯，让画面自己说话。当品牌不够大时，肯定拍不出高大上的调性和卖点功能，那我推荐另外一种表达方式——星座不求人。

对于 2017 年的电商营销，我有个"创意"，叫"把商品唱给你听"。方式可以是 音乐 MV 形式 + 场景卖点渲染 + 短视频形式。

为什么是音乐？

音乐易传播，有社交属性，没那么商业化，但前提是要有好的歌词和主题。提到这里，不得不提一下大张伟老师。他真心把好的节奏串烧起来或者进行重组，让音乐听起来熟悉又顺口，歌词好记节奏明快。大老师是在用大数据的反馈，来寻找用户喜欢的东西，以此进行内容推广。

怎么展现场景的卖点？

以用户的思维方式，将客户购买的理由和使用场景体现出来。比如 iphone7 的广告，它通过夜间骑行，用户把手机摆放在单车上，水溅到屏幕上，手机也不会进水，来宣传手机的防水功能。通过还原场景，让消费者有了不一样的代入感。

为什么用短视频？

5G时代马上到来，短视频可以在多平台传播，并提升视觉效果。有人说，过去用户获取内容都是通过电脑，而现在更多的用户是通过手机屏幕来处理碎片化信息。移动互联网的发展，从看文字，到看图片，到看动态图，到看视频，到看直播，让用户体验升级。短视频是目前众筹比较受欢迎的表达方式之一，通过一分钟的表达，让消费者理解产品，爱上产品，并且有机会传播产品本身或者衍生出的内容，相关案例请参考"星座不求人"。

10 甲方，你真的爱我吗

行里有个老话，叫"专业的人做专业的事"。当一个品牌方确定选择众筹时，就应该学会挑选好的服务方。

第十讲，做众筹，如何选择一家专业的服务商？

甲方和乙方永远是相互对立又相互需要的一对。北京老话说："上赶的不是买卖。"既要有相互吸引的理由，又要保持双方私密和不可或缺的位置。

"相见靠脸，长久靠心。"

甲方喜欢让乙方提案，不是因为甲方没钱，而是乙方太多了。上班这十年，我一直做乙方，除了在新浪那两年，我们的合同在甲方。

我不讨厌提案，反而喜欢用提案来征服甲方的快感。我不是很好的策划和文案，但我敢说，我提案的水平，除了我师父和师叔他们，其他人我没有输过!

最终能跟我合作的客户都知道,我说话很快,思维很跳,但不会轻易许诺那些没用的 KPI(关键绩效指标)。我是务实派的提案选手,作为讲师的我,更希望用我团队的实力来服务我的客户,而不是简单地给客户洗脑。

所以说,第一印象很重要,我一般被甲方贴上的标签是嘻哈和年轻。幸好,每次提完案,聊完方向,大部分的甲方都会感受到我的"专业"。

"合作都是先美好后干架。"

合同签约后,两家变一家。这个适应过程,需要大家相互提要求,相互理解和谦让。对于甲方来说,他选择好了乙方,便希望乙方一心一意服务于他。听着好像很有道理,但事实是,为了生计,乙方要继续接活儿,就像一个茶壶要配很多的茶杯一样。

两个人独立的人在一起久了还会产生摩擦,何况是两家公司。凡事都要看怎么平衡,一次协调解决不了的矛盾,那就两次、三次,总会达成共识的。

合作最重要的不是业务本身,而是对接人。在互联网极其发达的今天,我建议大家,业务相关事宜用邮件传达和执行,白纸黑字,责权分清。

"左手拿棒,右手喂糖。"

人非生鲜,谁能不坏!我们不要过分强调对方不好,因为你在背后讨论别人的时候,别人也在调侃你。"智商教会我们说话,情商教会我们不说话。"做错了,先解决问题,抱怨没用。秋后算账的道理,大家都懂。做好处理报告,不定期地复盘、找问题,肯定会有提升。不过，处理要跟利益挂钩，否则下次会更严重！

特别是在服务质量和进度问题上，我学会了两点。

第一是，内容责权制，弄明白谁是做事的，谁是负责的。让甲方清楚，让乙方明确，自己的团队大家也要维护。

第二是，时间进度反推，先把结果时间列出来，然后往前推用时，看问题。好多有拖延症的人都是希望时间从前往后看，总觉得还有机会，不着急。

电商教会我一件事：时间就是金钱。老板的时间很贵，员工的时间也是有价值的。我从来不要求我的团队24小时待命，毕竟不是机器，但是在我需要的时候，我会提前通知大家，我团队的人要在第一时间反应。

我最近一直在用一个特别亲民的方式跟大家互动，叫微信抢红包。这不是行贿，而是用奖励来鼓舞大家。我师父说："当你把努力扔出去，金钱就回来了。当你把金钱扔出去，团队就回来了！"

好的乙方会说"不",而没有经验的甲方会不停地要。这事就像男女朋友相处一样,女生总会不停追问男生:"你爱我吗?"有人很在意答案,有人很看得清。答案很明显,不爱就离了。不过一次次追问,会不会让对方变得反感呢?我想答案是肯定的。

大多时候甲方、乙方都知道,哪些是分内之事,哪些纯属个人交情。你说这种尺度要不要分得清?我个人觉得,没必要,要搞合作,要收尾款,要出案例,要一切的好结果,可以适当先礼后兵。

做人的原则和底线,决定一家公司能否走得长远,我坚信所有甲方能活得越舒服越好,乙方喜欢甲方理解越多越好。

众筹很盲

11 找主播不如自己当主播

最近这段时间,我一直在研究电商平台的直播,作为一只不够潮不称职的的"广告狗",我觉得直播的玩法,一定不是照搬电视购物。手机端的客户,相对年轻,她们对购买体验的认知,不仅仅停留在语音上的刺激,而是需要多维度的感染。

每一个直播上的网红,能坚持下来其实也挺辛苦的。她们既要懂得释放天性,又要为客户把货推销出去。每次直播差不多需要2～4个小时,这样大密度地介绍产品,跟粉丝互动,还要保持良好的状态,真的不易。对于即将要进入这个圈的新晋人员,我只有一个词激励他们——坚持。

我一直想红,但能力有限,水平一般。为了蹭热度,我也努力尝试着做了几次电商平台的直播。也正是这些经验,让我对于电商直播的意义,有了新的认知与体会。好的电商直播,不仅仅是卖货,更重要的是要快速完成视觉销售升级，以及存留更多的有效客户。接下来，我抛出来几个观点，每个观点背后都藏着问题，就用我这个外行的一些思路，来给大家解释一下，我对电商直播的感受。希望大家听了之后，不懂的人立马就能明白什么是电商直播。而对于业内人士，我也非常欢迎大家批评指正！

（1）直播，卖的不是产品功能，是展示使用感受。

对于看直播的受众，我们暂定以爱逛街购物的女性用户为主。她们看到的不一定是商品的功能，而是为了主播推送的内容与感受。我看到过太多的电商平台的主播，都是把自己的脸靠近手机屏幕，疯狂地卖产品，推荐的是价格，兜售的是所谓的"体验"，而转化的原因，应该是促销活动与产品本身的价值。

（2）直播，影响的是可能性客户，不是精准客户。

看直播的观众，大部分是因为有意思的话题，或者熟知的品牌或者网红主播进来的。那真正能坚持看完的人，不一定是精准客户，而是那些有潜在消费能力的人。她们的购买转化率有多高呢？我个人判断是由停留时长决定的。停留时长主要是靠主播的表达和产品促销活动的力度左右的。更关键的是，主播本身的特点，不是与受众贴，而是与产品贴。

（3）直播，像看舞蹈，不是看电影。

对于看直播的受众，兴奋点很重要，要持续抖包袱，不见得是讲故事。常规的直播必须要让受众持续关注，并且产生兴奋点，做到合适的时机进行感觉无意识的"套路"，比如寻单与下单的动作。假设我们将直播的内容以电影形式播放，以叙述故事的方式给大家看，那问题在于，主播很难确定每个刚加入的受众是从哪一刻开始听起的。这样就会导致她们无数次重复说产品的"卖点""价格""活动""品牌"。受众听得疲劳，又感觉无趣。

(4) 直播，看脸的时代已老，场景聊天最佳。

对于看直播的受众，已经很难被好身材和好脸蛋刺到，从而乖乖地留在直播间。那什么样的直播形式会更有吸引力呢？我的答案是，用场景说话，把买家使用产品的状态还原。比如我刚刚直播完的多功能休闲沙发，我就和一个女生很好地还原了使用场景。在直播开始前，我也用了一个比较热的话题，来吸引大家互动。八卦话题，总能使受众产生共鸣。直播开始后，我通过表达工作很忙，需要释放压力，假设能找一个合适的时间，在合适的空间里调整心里的痛点，从而引出了推荐的沙发。这样既不尴尬，也不生硬，因为因为我讨论的是人内心深处的痛点，即放松与自由。

(5) 直播，品牌方真正需要的是用户互动与存量。

对于看直播的受众，买不是关键，能持续关注并有机会产生二次营销才是王道。我相信每个直播间，主播都会拼命地给大家发活动、送礼物，但是受众喜欢是产品还是礼物呢？我猜，应该是诱人的价格和主播的外貌。我建议选主播的时候，一定要找有特点或者自带流量的网红，这样才能让受众长久地留下来。而那些不会直接购物的受众，就要想尽办法留下他们，比如互动送礼，将其添加到相应的社群，反向追踪她们，直到受众成为品牌的存量粉丝。

总结来说，电商的众筹直播，就是会说话带互动的产品详情页。

第二章　众筹感悟

众筹很盲

01 众筹，原来可以如此简单

对于众筹来说，我会根据以下几个内容来展示：京东众筹人群简析、页面设计布局分析、回报档位定价部署、站外推广渠道广告、话题维护客服话术。

（1）京东众筹人群简析。

平台的人群什么样呢？答案是，就是我这样的！我的属性也是京东商城的属性。

京东的消费者参数是什么？我拿不到精准数据，但凭经验之谈，更多的主力消费群会有如下特征：

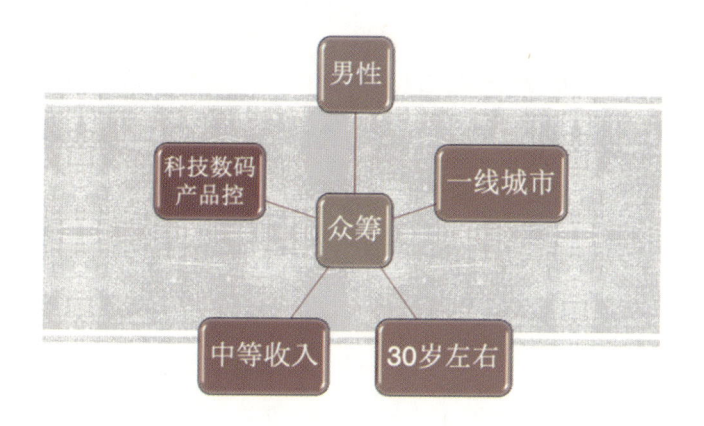

这个示意图可以做得更好看、更形象些，比如加一些小头像、小图片。

我说的人群也许比较粗，没有那么细致。但至少是有具体属性的网购用户，九成以上是京东众筹产品的真实消费者。科普一下，不是只有科技产品才能众筹。最 in、被热捧的都可以众筹。如智能产品、母婴产品、名人演出、国际品牌，等等。

（2）页面设计布局分析。

页面不要过于长，但是内容大体分为四块。如果把页面比喻成一条鱼，那么必须有头，有身，有肚，有尾。如果是按颜色区分的话，我喜欢比喻成黑色和白色。

先说说头、身、肚、尾。大部分的页面做的是小头、瘦身、大肚子、短尾。补充一下，关于一些用词和字体的基础问题，大家肯定提前了解过。比如手机端要求字体足够大和清楚，不违反广告法。剩下的内容，我开始一一拆分。

① 头。

其实就是页面的头图,也是页面的第一部分。这部分我统称为项目或是产品的卖点。用一句很经典的广告语形容,就是抓住我们的眼球,尤为重要。比如,我们龙牙的,"拯救你的男人味!"可以好玩,也可以是卖点放大。这部分不要打得太深,抛砖引玉即可。理由有两点,一是保证页面整体长度和节奏,二是购买或支持的原因明确。

举个非众筹的例子,我与舒提拉老板张总沟通过,出差的人痛点是什么?比如,出差地方的天气、出差的交通工具、出差居住的酒店、出差时长和频率。但是这些和我说的幸福感有什么关联呢?这四个问题和拉杆箱有没有关系呢?其实是有的。

第一,天气和箱子的材质有关,是否防水。

第二,交通工具和箱子的尺寸有关,是否方便推行。

第三,酒店和箱子的设计感有关,是否商务,品质是否相匹配。

第四,时间问题和箱子的尺寸与容纳量有关,是否设置一些旅行特殊功能,比如称重、充电等。

找到痛点,页面的四分之一就完成了!

② 身。

我喜欢称这部分为幸福感。它是跟卖点呼应,是第一部分的延伸。"身"这部分页面,我通常会跟项目方聊3~5个小时,把产品的卖点统统挖出来,前提是,一定要按照用户的思维思考问题。就是如何用您的产品来满足我。对,满足我!

再举个例子,我们做过的YOOTOO的众筹项目,就把幸福感打透。

我们把智能旅行箱的箱子拟人化，把箱子定义为高级管家，还是德国的西欧范儿管家。

我们用三次幸福感打动用户。

第一次主打智能——我们的"管家"有精明的头脑。YOOTOO 的 APP，保护我们的箱子不丢。

第二次主打贴心——高品质服务。利用箱体内设置的分类收纳袋，让我们的物品合理存放。

第三次主打耐用——结实的材质。箱子本身坚实耐用，让我们在挑品质的时候打消顾虑。

③肚。

主要是产品的参数与专利等。这部分我不想阐述太多，我希望每个项目发起者都能很清楚地说出来。但是，一般这部分的最大问题，是图片用得太生硬，而且没有设计感。幸好，我们的设计师很好地把这个问题解决了。"肚子"的展示有的需要有场景演绎，有的需要模特配合，有的还需要做个好玩的 gif 来展示。补充说明，如果有视频，最好也能做一个，对提升转化率有帮助。

在这里重点强调一下，各种版权，各种证书，各种需要证明您产品实力的，一定要提前准备好，不要忽悠用户，他们都是火眼金睛，而且会有一些竞争对手来吐槽。

④尾。

这部分内容包括众筹的原因，我们的团队以及回报档位。这部分其实是提升品牌机会，也是最好的广告位，但也需量力展示。好的产品需要好的品牌背书，不论您的产品是普通牌子还是品牌，最好在这部分具体展示一下,但也要适度。项目的整体进度等,一定要提前写好。关于回报档位,我会在后面的内容中详细阐述。

接下来我再来阐述一下颜色,包括黑色与白色。黑色是指页面的理性部分(对应鱼的肚、尾)。

白色是指页面的感性部分(对应鱼的头、身)。

据我们的分析,现在的页面其实可能会有三类人来访问,其中包括真实的客户和用户、自己和竞争对手、供应商和上下游企业。

一般情况下,白色多于黑色的,是给第一类人看的。白色等于黑色的,是给第二类人看的。白色少于黑色的,是给第三类人看的。

由此我们可以得出,第一类人是为了销品。第二类人是为了销名。第三类人是为了销势。

(3)回报档位定价部署。

首先,设置档位,一般最多九个,主要分为四种,包括引流档(对应档位为第1档,1元抽奖)、亏损档(对应档位为2~4档)、主力档(对应档位为3~5档)、大客户档(对应档位为5~9档)

那么,每个的档位是做什么的呢?

①引流档,需要注意的是抽奖人数设置。

如果设置的是1000人抽10人,最终支持的是300人,那么抽奖就是10/300。而不是1%的比例,300人抽3人。1元档可以在社交媒体或H5页面进行推广用!

②亏损档,主要是低于市场指导价,而作为饥饿营销的档位。

在设置价格时偏好是299元、599元等以9结尾的价位。这个一般人都懂,就是消费心理问题。比如,如果市场价是499元的产品,那众筹的第二档就要定在399元或者459元。第三档参考为489元，让更多的支持者围观。

③主力档，主要是为本次项目盈利设置的。

可以通过人数维度的调整，让本次的项目达到利益最大化。

记住，平台扣点是3%。所以在填表格的时候，就要考虑整体的项目成本和利润点的平衡。关于主力档，个人觉得会跟平台协商。

④大客户档，主要是为方便大资源和大流量购买的企业客户设置的。

这部分有很多使用技巧，我先稍有保留，后面我会提供相应的使用方案。标注一下，在设置众筹目标金额的时候，需要考量本项目的潜在市场。包括对行业的认知度，用户使用和支持导向。所以在设置大客户档的人数和金额的时候，需要酌情参考行业资讯。

还有一档是无私奉献，这点一定要记住！

其次，档位设置有三维度：人数维度、产品维度和价格维度。

也就是说，每个档位的设置，都需要根据三个维度来上下调整。人数维度主要考虑的是饥饿营销和抽奖比例；产品维度主要考虑的是个数与对应的搭配；价格维度主要考虑的是整个项目的盈亏问题。

(4) 站外推广渠道广告。

关于推广，我们建议分为两个阶段：项目预热期的推广和项目执行期的推广。

①预热期，更多的是全网的部署。

比如通过社交媒体、门户网站、电视媒体以及线下和内部渠道。

a. 社交媒体更多的可以选择微信和微博。

由于众筹的规则是，产品众筹不能在任何电商渠道进行销售，必须全网唯一且价格最低。其实很需要通过微信的 H5 页面的互动推广，以及微博的大号抽奖活动转发。

b. 门户网站更多的是以新闻报道，以及品牌宣传或者事件营销来造势。

c. 电视媒体更多的是报道相关的技术或者发起人，给项目做背书。

d. 线下和内部渠道，是最直接的销售推广，也是把精准流量引流的推广。

②执行期，主要是配合众筹社区与微博话题。

三分包装，七分推广！

如果在项目增长期保持优秀的"成长率"，就有可能引来更多的站内推广。首选，对于站内的可选择社区和相应的商城位置，前提是已入驻商城。其次，手机端的 APP 的推荐与广告位推广。最关键的是有大量的 PV 和 UV 的导入，您的项目才有机会登上众筹的首页或类目的推荐轮播。

（5）话题维护、客服话术。

维护包括很多内容，我主要讨论的是话题区的部分。这里大部分是用户和竞争对手在里面吐槽。很明显，喜欢的肯定来拥护，不是真爱就是自己人。适当地灌水是有必要的，记住，如果是真实用户的疑问，要在第一时间给予回复。我的建议，是每天设置 2 次回复工作，10 点和 18 点，需要有个专员维护和专有话术，这些话术可以沿用您的店铺销售话术。为了更好地把众筹的利益最大化，一定要留有效的电话、微信、QQ。比如，可以留发起人的手机号、企业的订阅号服务号或者微信群。QQ，最好是线上服务人员的QQ。

这些粉丝，有可能是上下游合作方，有可能是品牌新粉丝，有可能是您精准的竞争对手。切忌，在回报产品设置上，多考虑一下内容。比如产品的数量和颜色，赠品和尺码。包括发货的时间和快递运单号的导入与导出。联系支持者的是您，不是京东。作为上升处女座的我，还有很多小而碎的注意事项，我希望在您启动项目的时候，跟您一对一地沟通与服务。

02 众筹，原来可以如此不简单

你的产品真的适合众筹吗？众筹是不是一定是实物产品？众筹上的一个页面转化到底有多重要？众筹期间还有什么要做的？众筹到底为了什么？众筹之后该怎么办？

京东众筹隶属京东金融版块，主要分为三个内容：产品众筹、众筹社区、轻众筹。其中产品众筹又分了以下几大类，包括智能硬件、流行文化、生活美学、爱心公益。

目前多了一种众筹形式，叫筹∞。意味着您的众筹会一直挂在那里，等待所有爱ta的人来支持与关注。

在众筹上，没有绝对不合适的产品，也不是说智能硬件最受宠。主要看我们筹的内容和玩法。如果只是在宣传硬件本身，那效果肯定不好。所以我们要把合适的产品以合适的形式众筹。比如筹活动带产品，筹公益带品牌，筹技术带平台，筹创意带渠道。

我觉得在这个百花齐放的众筹时代，如果你认为众筹只是给技术宅男准备的，那真是大错特错了。更多服务和演出等形式的众筹在京东平台上火了起来。众筹上的一个页面转化到底有多重有人说，众筹就是一个产品详情页，转化当然很重要。我觉得那个人只说对了一半。为什么呢？

首先，产品详情页一般是先有产品，而大多数的众筹产品是未量产化的，所以就没有买家秀，也没有那么多场景营销的图片。我们服务的项目，大多是当时全球唯一的产品。我是幸运的，太多的产品还没跟消费者见面，我就成了第一个尝鲜的人。

其次，好产品会说话的案例，被妙创意一次次验证。比如我书中提到的miniOne。

众筹期间最需要做的是三分包装、七分推广。在项目未上线时就要写新闻稿和相应的论坛或者在社交媒体放"声音"，让项目出来之前先有关注，再来支持。

在推广期间，每天要关注项目的进度与支持者的留言，站外的推广更为重要。腾讯和京东是一家，社交媒体一定要两条腿走路：微博造势、微信转化。

我建议项目方要有好玩的H5在微信上导流，产生购买。同时，也要守住微博上的热门话题，让消费者看到项目的存在。推广方式28原则——微博为主，微信为辅。销售转化28原则——微信H5为主，微博头条为辅。

除了推广，还要学会在京东众筹站内玩活。要增加社区的互动，支持者的沟通，建立QQ群，添加微信订阅号的入口，让支持者来传播。

特别是与平台的紧密配合，抓好众筹"运营"，争取好的推广位置，才会有更好的转化，比如人气啊，推荐啊，综合啊，包括移动端，等等。

我猜大多数人说是赚钱！我不反对，也不完全同意。在我的理解里，每个项目最终会被三四类人看到。他们分别是消费者、渠道商、竞争对手、投资人。这里也会出现产品上下游的企业、电商平台和电视台，等等。

有的众筹项目的老板跟我聊，其实上众筹不一定为销量，它可以有很多目的。比如融资、展示企业实力、品推、招商，还比如真的让消费者来支持。不管怎样，最终大家得到的都是好的，我确信这一点。有的好项目，在上线没多久，就会被京东平台看上，他们的支持也会让这个项目重新点燃，众筹破千万的也不足为奇。

我觉得众筹也是一种情怀，我希望我能帮你的产品圆梦。如果只是为了卖货，抱歉，我们的时间有限，请您找那些所谓的营销高手多的广告公司吧，他们会让你的产品一夜成名。但仅此而已，我们的服务内容和效果才是细水长流的。

这是我一直想展开写的，但今天只在这里简单说一下。

首选，进京东自营。众筹好的在京东商城才有希望。

其次，去别的平台做众筹，或者在京东做长期众筹。

最后，转战线下平台，在新鲜好玩的网站或 APP 重生。

我个人建议，一定不要想着自己做平台和商城那种的 APP，你的能力和实力应该还不够。多嫁接，多找新渠道，最差还可以找一些像滴滴或者比较有流量的地方投广告，成为积分兑换的礼物也不错嘛。

03 众筹之后，我们该怎么办

做了将近一年多的产品众筹服务，让我对初创公司有了新一层次的理解与敬佩。他们都是有理想、有抱负的团队，每一个好产品都让我记忆犹新。

有人问过我，众筹到底是为了卖货还是做品牌？我的答案总是那么简单干练——做营销！

为什么说是做营销？营销的目的有很多种。有的是找种子用户，有的是在找产品的渠道商，有的是找更喜欢产品或者产品所处在行业的前景的 VC 大佬，有的则是找一个很好的平台背书做未来的市场规划。

通过太多项目验证，在众筹平台有太多的成功案例都是偏智能产品的。我坚信，未来几个月，应该还是智能为主导，其他类目的产品也会百花齐放。

不论是哪一种目的产品，所有的项目发起方都会遇到同一个问题——众筹之后怎么办呢？

我的答案虽说在之前的文章提过，但是仍在不断地更新与优化。不说众筹的平台了，因为我只了解京东的。对于京东的用户，我们分析过。对于京东平台的产品，我们也知道什么最好卖。那产品一旦完成了众筹，下一步应该干什么呢？我的答案是先"看反馈"。

第一看的反馈不是销量，而是用户的反馈与平台的声音。对于电商平台的销量，有时无法跟产品投放的广告费去衡量盈利和亏损。我知道好的众筹都动用了不少推广费用，才能营造不错的事件营销或者新品问世的好结果。在这里我说一句客观的话：一切以众筹金额衡量众筹项目是否成功的都是在耍流氓。

好的用户反馈，促使项目方发起更多的新品或者二代产品的众筹。那第二次亮相就相当重要了。一般有两种形式：一种是做新品或迭代产品，另一种是做长期众筹。好的营销节点尤为重要。要是能赶上6·18，或是赶上京东的其他"产品节"，那销量和关注度只会增不会减。但如果不再做新的众筹，那我的第一个答案是，来自营吧！

自营是最保险的出路，但是也要继续优化你的产品详情页，纠正产品卖点。比如我们服务过某智能产品，因为种子用户一旦有了，就会发现和发起方当初设定的人群有偏离，或者一旦放到商场，受众面大了，人群也会有所变化。那产品的属性和卖点也需要新一轮的调整与试错。不过我个人认为，卖得好的产品，还是偏男性，除非我们硬生生地拉到某猫平台去卖！

说到优化详情页，这是妙创意的强项，您可以找我们来把把脉，也许能得到更多的惊喜，毕竟我们是从流量电商起家的，提升页面转化率还是有两把刷子的。不过，无论是自营还是POP（商家品牌店），最大的问题是您的产品有没有流量，有没有品牌词。好多产品由于过新，在定义类目时都会有些尴尬，甚至因为选错了类目，可能被其他竞品所淹没。从众筹过渡到常规电商平台，也是一门学问。

假设众筹真的做成了一次很好的事件营销，或者利用某明星代言，让用户认可了我们，但最终销量平平，那我建议项目方做新一轮营销，那就是社交媒体营销！什么意思？就是把产品事件化，KOL（关键意见领袖）再帮我们卖一轮吧！不做众筹，去做口碑！这一点，我坚信很多品牌都在尝试找形象代言人，或者项目方参加各种电视秀，或者参与圈子营销，再差也还有一些组织等你加入呢！目前最火的是利用网红，打造产品IP。

不过，选对群体和站台的大咖很重要，如果选不好，可以找我聊聊，毕竟我也是半个社交媒体人，软植入还是硬广都ok！插一句话，微博真的会在未来1~2年内回暖。如果你的产品也适合做成社交品牌，那就不要放弃那个已经遗忘的战场，杀个回马枪，也许能走出来！想想某互联网白酒品牌。

除了自营、社交媒体营销，我建议第三种是做精准流量变现。精准流量变现，是我最敬爱的苏老师说的场景营销。场景营销，无论是通过APP，还是社群、论坛、跨平台展示，我们要的是购买的场景、使用的场景、口碑的场景。不仅仅靠内容，更为重要的是人群流量的强转化。打个比方，如果是智能硬件，可以放在论坛做评测。

如果是母婴玩具，可以放在APP推送。不论是什么，我觉得只有在精准流量上下工夫，才是硬道理。前提是，项目方的产品不适合在电商平台做！

不管你们信不信，逆水行舟，反而会是一种机会。我前面提到微博可能会回暖，那线下的实体店会怎么样呢？我觉得O2O真正的时代快来了。所以说，众筹更好的出路就是走线下渠道。让更多的人体验你的产品，拿下来，走出去。

我看到互联网下沉二线城市，媒体下沉二线城市，电商下沉二线城市，这一切的下沉，都代表更多的机会来了。想想万达，想想迪信通，想想苏宁，想想太多的大型超市，我觉得线下实体店不会垮。只要坚持做好产品，庞大的线下市场，还是有机会圆这些新品牌和新行业的发展梦的。智能家居，智能穿戴，都会越来越接近我们老百姓。

京东在做什么？众创！做生态圈，做供应链，在帮更多的企业完成他们最初的梦想。我不是在歌颂谁，而是看到了大家的机会与希望。

04 场景电商下的众筹

场景电商到底是什么？我问过很多朋友，几乎没人知道答案！或者说，我跟别人介绍我们是一家场景电商服务的公司，好多人一听，就蒙圈了！

好吧，我先问个问题，测试一下。爆米花，你什么时候吃？我敢保证，大部分人都会说电影院！

嗯，好多人都会在电影院里买爆米花和饮料，电影院就是一个典型的消费场景。场景里都需要消费什么产品，不是消费者主动说了算，而是固定场景营造的。反问，你为什么不在电影里吃火锅呢？人在看电影的时候，一般要花费一个小时甚至更多的时间。消费者在整个过程中是什么状态，需要什么物品呢？

现在我就用个案例，简单介绍一下场景电商。

就如上文我们讲到，提到爆米花，很多人就会想到电影院这一消费场景。那么，首先我们来分析一下。

第一，消费者自身的属性是什么？来看电影的可以是情侣，可以是家人，也可以自己一个人。我们举例说明，最近《魔兽》盛行，那看电影的应该是 WOW 的粉丝，那他们的属性是什么？消费者的标签应该有以下内容：

A.男性为主、B.游戏粉丝、C.80～90后、D.单身为主、E.有暴力倾向、F.宅男、G.喜好体育。

如果把人群画出来，那么我们接下来做什么？答案是，根据人群画像分析他们在这样的场景要做什么。

第二，在整个消费场景下，消费者多种需求是什么？（搭景）

还拿看电影来说，在整个消费场景中，消费者的第一层需求是，欲望消费，选电影买票，即理性场景的需求。消费者的第二层需求是，场景消费，在看电影过程中可能消费的产品的需求。，即感性场景的需求。消费者的表面需求是，看电影。消费者的实质需求是，精神娱乐。消费者的附加需求是，社交晒观影。

对于第一层来说，造景应该是搭建在购物 APP、电影论坛等多渠道的展示场景之上，吸引用户眼球，第一时间产生转化，营造购买冲动和欲望。而这考验的是产品的定位、卖点描述和图片展示的功力。我承认以上所述的第一层，是基于流量电商的玩法和展示，这个是基础，我们不能改变的。

对于第二层来说，是造景的精髓，也是场景电商投资最大的地方。消费者在第二层有很多地方可以花钱，但是怎么能让他花呢？那就是营造场景，挖掘客户深层的痛和共性的点。消费者去电影院的整个过程都可以做营销，也可以做场景搭建。具体的方法，还需要细化！

比如他到了电影院，有什么消费需求？比如吃饭、购物、社交，等等。

大家跟我一起还原一下场景。当我们来到电影院，先看到的是电梯的广告，可以推送我们相匹配的内容。其次就是来到兑换票的柜台，可以看到海报和LED上的广告。除了以上两个广告，是强推的内容，接下来就是软内容了。

第三，到了场景中如何选品？（造物）

为什么之前我们说的是物以类聚呢？

不论你是在淘宝还是京东，我们线上购买行为都是，人去找品牌或是产品，消费者获取产品的过程，靠的是流量，也就是大家说的流量电商。如果我说得太专业，那往通俗了说，就是通过搜索框找要买的东西。

很多商家都在电商平台开店，买流量，拼视觉，比价格，甚至冲销量，冲好评，结果销量还是平平。因为他们知道，在电商平台，你没有流量，就只能等死。那如果在流量电商的天下，选品似乎没那么重要。但是转换到了场景电商，选品就尤为重要。淘宝现在有一个词叫千人千面。当我们打开手机淘宝，会发现，推送的信息都是我们喜欢的！

我们平时浏览过的产品，淘宝会主动推荐给我们，不需要再搜索。而且越来越精准，并且猜得到我们会喜欢什么！这就是传说中的大数据。我想说，淘系未来一定是场景电商、粉丝电商、社群电商、网红电商，等等，这些新词都会聚焦在淘系平台，是不是很可怕？

在场景电商中，消费者自带流量，他们需要的是好产品推送。那推送什么产品？爆米花是基础需求，是消费者在固定场景消费产品，但是还有别的吗？想象一下，电影的周边会不会卖衣服、手办、首饰、海报、游戏、耳机、充电宝，等等。

这些东西是不是一定就能卖呢？我的答案是，大体可以的。另外，情趣内衣会不会卖？飞机杯会不会卖？咖啡会不会卖？休闲食品会不会卖？从产品的价格、品牌、卖点等判断，已经可以有转化的预测了。但是切记一点，产品本身的卖点，在这一刻已经不重要了！

第四，大家还会因为什么产品下单？（转化）

回到人群画像，前文提到第一点是人群的属性，而这一次的人以群分，讨论的是在固定场景下，消费者还有什么需求和购买动机，因此我思考的是人的内心。

如果你没懂人以群分，那我就用另外一个词来解释，叫社群或粉丝，包括我提到过的网红。

当一个消费者在购买价格不敏感的产品时，他的"感受"会放在第一位。这也是所谓的微商能做火的原因，因为靠的是人的信任，而非产品本身了。在这一刻，我再强调，产品卖点已经不重要了。讲几个场景销售下的产品：农夫山泉、加多宝、UA、小黑裙。

好的品牌商，这一刻在放大场景，淡化功能。加多宝，最早强调的是怕上火，是在突显产品功能（卖点）。而雪碧，"看节目，喝雪碧爽翻了"，这就是营造场景下的状态（场景）。

消费者在不敏感价格的时候，会把产品卖点同质化，不在意功能。就像我之前说的，中产阶级已经不在乎产品的价格，而是考虑产品值不值得买。那这个时候，就要再次深挖他们的痛点。

苏老师教导我说，相同的产品，加上不同类场景属性下的人群，就会产生一个品牌。

比如，咖啡＋商务人群＝星巴克；咖啡＋韩流人群＝漫咖啡；咖啡＋创业人群＝车库咖啡； 咖啡＋读书人群＝雕刻时光。

我们针对不同的人群，可以继续销售下一步的产品，比如星巴克的杯子就是最好的案例。每一个深爱星巴克的人，都会收藏一个这个品牌的杯子。如果你很难理解，那我就直白地告诉你，他们被品牌"洗脑"了，成了品牌的信仰者。我们现在做的电商营销，就是场景电商。品牌商可以通过KOL（关键意见领袖），通过粉丝，通过真实消费人群，一个个活生生的人，使每个品牌人格化，营销场景化，最终从卖功能向卖场景转化的战场中脱颖而出。

在我个人看来，众筹是最好的展示渠道。众筹平台自身聚焦，有相对精准的流量。科技产品、智能玩具、热门食品、小众活动，似乎都在众筹上展现过光芒。

众筹的支付属性要强化，销售属性逐步弱化。打造每一个众筹项目，我们会先通过大数据定好人群，利用第一层理性消费场景和搭造第二层感性消费场景，重新挖掘两层场景下的消费者需求。不一定是包装产品原本的卖点，而是找到每个品牌的特定场景下的特定体验"感受"。

如果你还是觉得我说得有点玄乎，那接下来的一个月，我将进行一场旅游场景电商的革命。我和我的策划总监在想如何利用网红、视频、直播等不同的元素，营造一个旅游场景，让更多消费者购买服务。旅游产品不同于实物产品，没有买家秀，没有体验，就没有销售。如果这个产品不好玩，你就可以不支持。因为未来我们服务的，一定不是仅卖价格、卖参数、卖品牌，而是卖场景感下的"认同感"。

去看看现在的众筹平台的产品，主战场是在站内抢那些黄金的广告位，杀得昏天黑地，结果成就了某些产品或是某些平台。而未来的众筹产品，主战场会在你经常用的APP里，你的朋友圈里，你办公区电梯的楼宇上，你经常会去的饭馆厕所的墙上。但这一切绝对不会是硬广直推，可能是需要你扫二维码，进行互动或者打个游戏，让你不经意间体验众筹项目的魅力，成为它的一个支持者。

05 众筹都 4.0 时代了

感谢这一年多一直追随我的粉丝,我已经踏上了众筹服务的不归路,我希望这一篇,让还活在众筹 1.0 时代的品牌商觉醒!

众筹已经火了好久,到底现在的众筹是什么样了呢?现在我跟大家说说我的观点,仅供参考。

众筹还能火多久,还能活多久?我个人觉得,众筹很像我当年做的微博,正在往它产品周期的鼎盛时期走去——一线城市全面铺开的阶段。我觉得还能火一年左右,也许我说得极端,那咱们静观其变。那还能活多久?我个人认为,京东不会轻易放弃这个版块,关于整体的京东业务走势,可以自行了解一下。

现在,众筹 1.0 时代已然演变到 3.0。

国内的众筹平台,已经拼杀了两年多。有的"死"了,有的"活"了下来;有的死得很惨,有的活得精彩。那我们看看它们的现状。

科普一下，我看到网络上的数据，2015年度众筹网站综合实力排名，前三分别是众筹网、京东众筹、淘宝众筹。由于不同参数和维度，他们三家都领跑过第一。京东、淘宝两家以电商平台衍生的产品众筹，买东西靠谱，另外一家是众筹整体服务链的，筹资金和孵化企业也OK。

那是2015年，我突然觉得智能时代开启了。智能穿戴，智能家居，智能旅行，各种智能。所有的事情，我们要从源头开始说起。Kicikstarter，一个很干净的很神奇的网站，我没怎么登录过，理由是我英文很差。不过我从百度搜到以下内容：

Kickstarter，创立于2009年4月28日，创始人是Perry Chen、Yancey. Strickler和Charles. Adler。纽约时报称赞Kickstarter是民众的核能量。而时代周刊评论该网站为2010年最佳发明之一，并且授予该网站2011年最佳网站称号。网站创意来自其中一位华裔创始人Perry Chen（中文译名佩里·陈），他的正式职业是期货交易员，但因为热爱艺术，开办了一家画廊，还时常参与主办一些音乐会。2002年，他因为资金问题被迫取消了一场筹划中的音乐会，这让他非常失落，进而他开始酝酿创建一个募集资金的网站。佩里·陈回忆说："一直以来，钱就是创意事业面前的一个壁垒。我们脑海里常会忽然浮现出一些不错的创意，想看到它们能有机会实现。但除非你有个富爸爸，否则不太有机会做到这点。"经过漫长的等待，2009年4月，Kickstarter终于上线了。网站的创意性活动包括电影、音乐、网页设计、平面设计、动画以及所有有能力创造以及影响他人的活动。

有人会问我,为什么要说美国的众筹?我想表达的是,美国和中国,众筹可能不是一件事。

众筹 1.0 时代 = 筹创意

我最早听到众筹,就是京东的一个项目,叫三个爸爸,空气净化器。感觉很有故事,有认同感,通过电视、网络,我对他们有点了解。我觉得这个人群圈得很好,好爸爸们几乎全部沦陷,疯狂买单。后来的半年,净化器的市场一下子就被众筹产品炒热了。随后好玩的产品就越来越多,都跟空气和水有关。

我没在众筹 1.0 时代出现,可惜了。1.0 时代就是筹创意,不是为了产品利润,也不是为了销售,仅仅为了让更多好的 idea 变成更好的产品,服务好用户,仅此而已。这股风刮到国内的时候,我确实看到一些不错的黑科技产品在众筹平台乍现。我作为伪科技迷,也为一些好的设计惊叹,为他们的想法点赞,比如我们服务的 3D 打印机。

1.0 时代主要覆盖的应该是一线城市的男性科技宅客户,受众面和影响力相当小。那段时间,知道众筹的应该算是潮人了,毕竟产品众筹还没有很多很大的项目。

众筹 2.0 时代 = 筹营销

在 2015 年年中的时候,我们服务了一些项目,也感觉客户想要的众筹结果有所变化了。因为我知道,大多数的品牌方对销量的要求高了一个等级,甚至开始尝试向千万级挑战。与此同时,更多的股权众筹和一些第二梯队的众筹平台开始发力。比如那个时候的淘宝众筹、百度众筹、苏宁众筹,特别是电器产品的销量,像坐飞机似的冲了上来。平台上像手机周边，出行的单车，母婴科技，无人机，一下子好像多了许多。不过这里也出现了不少品牌的项目，比如某品牌的限量款手机。

而这个阶段的众筹更偏向销量的营销，而非品牌和传播。众筹金额比较成功的项目特别多，假设那段时间你的项目上线，没有百分之几千，都不好意思让朋友们分享。我不去评价这些众筹的金额和效果，只是觉得那段时间，就是简单地让一个产品在众筹平台顿时让更多的用户和品牌商所关注。

2.0时代更像电商企业在做聚划算，做阶段性的产品销售的营销策略，为了销量而卖。对于京东平台来说，未来科技，生活美学，流行文化，爱心公益四大类，他们各自承担着不同的使命。未来科技负责KPI的大哥，生活美学负责品味的高富帅，流行文化负责平衡男女用户的白富美，爱心公益负责平台形象的帅大叔。

你的项目到底是哪个类目，要是判断不准，那就找我把把脉吧。众筹2.0时代的众筹金额通过羊群效应，确实能为品牌商卖出成绩。假设没有站外的引流，那数字也不会特别成功。正当每个众筹方刚找到门路，开始启动第二三四次众筹的时候，销售战绩就开始下滑了。原因是什么呢？答案是，众筹3.0时代来了！

众筹3.0时代 = 筹品牌

服务了一年，平台也在趋于成熟。更让我惊喜的是，京东平台领跑了所有的众筹平台，我们也跟着沾了光，打造了几个过100万的项目，比如科技出行、移动医疗、智能家居等。品牌方开始懂得众筹的价值，不仅仅是金额目的导向，而是在品牌，新品发布，PR

事件，受众群的粉丝积累等多维度有所改变。

　　凡事都有两面性，太多的品牌众筹成功，像某牛电动车，某猫音响，某星手机，使得更多的牌子客户也跃跃欲试了。这一下子，让我的电话和微信火了。不知道从什么时候开始，我又成了金老师，再比如众筹小王子。我开始忙碌于讲课程，说众筹，谈营销，做推广。感谢众筹，没有众筹，我也不会又火一次。

　　为什么3.0时代能持续到现在，我觉得跟品牌自身的流量、推广、营销、公关等多个环节筹划是分不开的。也是因为这些，我们的工作量一下子就来了，开始为各种行业类目的客户解答什么是众筹。不知道大家是否能理解我现在的心情，又开心又狼狈。因为我要从众筹1.0时代给大伙儿讲起，如果你也想问我什么是众筹？众筹能挣钱吗？我的产品能众筹吗？要做众筹我该准备什么？那请详读前一篇《场景电商下的众筹》，我觉得你是能找到答案的。

　　3.0时代对于我来说，应该是电商属性的众筹平台的成熟期。我们努力把项目的功能性导向卖点，往场景性卖点迁移，让更多的众筹支持者发自肺腑地喜欢。我们虽然还没用洪荒之力，但是太多的项目方要上众筹的急迫心情让我们压力山大！

众筹4.0时代 = 筹内容

　　我想说，我眼中的众筹要慢慢地回归本质，从惊人的销售额，回到每个用户最初的心愿。有人开玩笑地说，一个好产品的营销，必须由四个团队打磨，先是北京团队的创意，然后是深圳团队的研发，接下来是广州团队的生产，最后是上海团队的运营。经典吧？！如果你真的关注众筹，应该发现有一个平台，在悄无声息地反击中，它叫"开始众筹"。它们到底是在干什么？我不知道，但我把它定义为众筹界的豆瓣，4.0时代的新锐。

用户开始慢慢下沉到二三线城市，品牌商和工厂已经火力全开，我坚信未来一年的众筹市场，我会看到更好的AR和VR产品，智能不仅仅是有APP了，伪刚需的产品慢慢被优化，场景电商会成为主流，让用户不在认为众筹就是团购，而是成为线上生活消费一部分，逛淘宝，上京东，买众筹。

说句心里话，我希望我们的众筹项目都变得简单，让客户做得省心，平台推得放心，用户用得安心。4.0时代什么时候能开启呢？我猜会从生活美学这里开始。

当智能产品不再讨论技术，慢慢穿上情怀的外套；当流行文化不再讨论内容，让IP给粉丝带来转化的助力；当爱心公益不再讨论金额，而感动了更多的企业为社会做贡献的思潮，那生活美学一定要有内容，像褚橙、三川二莲，更多创业人带来的用户触动与产品本身的闪耀。

06 产品定制众筹
——从你喜欢开始

进入到2017年,我一直在提"慢生活"的概念。在我的世界里,一线城市的人,能真正思考的时间很少,因为奔跑的频率太快。年轻人有时候选错了方向,就会遍体鳞伤。"慢下来"才是更多人所真实需要的。

除了"慢生活",我最近研究两个词:消费升级类产品和中产阶级。对于消费升级,我理解的是,过去我们买空调,现在买空气净化器;过去买饮水机,现在买净水机;过去买科技手表,现在买智能手环。好多产品往人工智能靠近,我们选购的产品时,增加了对于科技领域的想象。甚至有些黑科技企业,把"无人机""3D打印机""机器人""VR"和"AR"技术也逐步引入了民用市场。

中产阶级成为黑科技产品的追捧者,他们的思考,从产品"贵不贵"演变成了产品"值不值"。为了迎合他们的口味,我又想了一个新词:订阅生活。而订阅生活的思路来源于,我在APP中学到的关于"付费方式"的知识。用订阅的节奏,提供好的产品,为我们新的生活方式,在某些行业中有形或无形的内容进行落地。

试问,什么样的生活方式是现在大众喜欢的呢?

我的答案不一定对,但众筹可能是一个新的方式,也在慢慢改变我们的选择和消费习惯。为了更好地理解众筹,我用之前比较热的两个行为来解释一下。

第一,微博:从全民晒生活,到新闻第一出口。

微博改变的是我们生活中的社交习惯,最明显的一个动作是,全民自拍和吃饭拍照。遥想当年,我还在新浪微博做营销培训,我会告诉大家,在餐厅不自拍,吃饭前不用手机拍,都不好意思说自己会玩微博。而微博改变的是人与人之间的交流方式,也是打破六度人脉的一把尖刀,拉近了普通人和名人的距离,改变了每个用户对品牌主的认知。

第二,团购:把O2O落地化,先支付后消费成了可能。

团购改变了我们消费前的支付习惯和消费频次。有人会说,判断我们消费的场所,可能是另外一个APP在掌控,叫"大众点评"。大众点评可以传播口碑,引导消费者的选择与偏好。但是"大众点评"并没有改变我们消费的频次和习惯。说到频次,我个人觉得,是团购自身的价格优势,改变了消费者选择的内容和频次,那些年影响我最大的品类是电影和KTV。

虽然团购已经不是我现在出门消费的首选了,但是吃饭和看电影的时候，我还是会以团购的价格来付款。线上支付，线下消费的方式，也在为支付宝、微信、ApplePay等养成了消费者移动支付的使用习惯。好的服务需要大量的用户存量，而存量的基础就是要有好的基础设施搭建。移动支付的搭建就是手机，所以说，手机才是我们改变生活方式最重要的环节与载体。

团购会不会消失呢？我觉得它应该已经不重要了。但是只要有优惠，那团购就不会消失，不过它只是用户消费方式从售前支付到售后支付的过渡。

讲完了微博和团购，就不得不提众筹的新玩法：众筹定制。当消费升级类产品渐渐从理念进入大家的生活，京东定制从京东众筹的版块迭代而生。过去，我们是有什么想法，就来筹什么产品。众筹的产品大多是标准化产品，内容比较新，但差异化不大，用户选择内容不多。而现在的京东定制，开启了个性化的非标类产品的时代。早期的京东众筹，解决了喜欢黑科技的客户，买新奇的"玩具"的痛点。而发展到2016年的时候，更有品牌意识的企业，通过众筹形式，来营销自己的品牌，快速抢占新兴的垂直市场。到了2017年3月底，我个人觉得，京东众筹的每一次改变，都是在为用户做自己喜欢的产品。

大家都在说消费升级产品的概念，而产品其实分了四个不同的阶段：样品、产品、商品、用品。其中商品阶段又分了三个层次。

第一个层次是解决客户最基础的使用问题，就像渴了要喝可乐。对于用户来说，不分品牌，而购买回来的只是用品。

第二个层次解决客户品牌价值的问题，如喝可乐要喝零度低糖的。对于用户来说，选择是一种偏好，是对商品的认知与品位识别。

第三个层次解决与客户的自我价值体现相关的问题，如喝可乐要喝定制瓶的。对于用户来说，这是自我个性的体现，有时价格和品质已经不再是消费者首要考虑的问题。

上京东定制，我目前认为有三个特别大的优势：流量好，产品新，周期快。对于电商营销来说，流量是最关键的一个节点。没有流量就不会有好的销量。从京东定制的上线，定位就是把平台上最好的内容选出来，为消费者做不一样的产品。平台同时给出以相对优势的主站流量推，我预测2017年的京东定制会为成为更多众筹爆款的第一入口。而定制最大的优势，是可以不分类目。定制不仅可以是美学的生活用品，未来也可以是大品牌的新营销活动。

最后一个特点就是周期短，定制一般是7天，这也是非常考验项目团队的实操、推广、营销等实力的。品牌方要在项目上线后，做到短、平、快地营销。周期短意味资金周转快，大大增加了用户产生复购的机会。我以自己的经验，总结了三种方式。

第一种方式，可以做微博话题，提前一周进行预热，最好是借势营销，包括节日营销和话题营销。

第二种方式，可以做短视频的内容营销。通过吸引客户眼球，让购买者进入详情页。

第三个方式，直播。我认为直播是，做会说话、懂互动的产品详情页。通过直播，展示每一个产品定制化的特点、功能和用户真实的使用习惯。

>>> 第二章 众筹感悟

07 策划三元论看众筹

策划三元论

市场缝隙

产品分析 创意策划 生活洞察

最近学习了王瑜老师的策划三元论，受益匪浅。我觉得这个理论是做上市前品牌定位用的，适合任何产品。

看看上图，你能读懂多少？我猜，懂营销的人可以读懂五六成。

083

而王瑜的思路总是如此犀利，因为他是学金融的，对数据更敏感。

作为品牌商，不论你是市场总监、销售总监、技术总监、产品总监、运营总监，还是财务总监，都会对三个圈左下角的"产品分析"情有独钟。每一个品牌方，都能讲5分钟以上的卖点给我听，那这些"卖点"到底是自认为的还是伪刚需捏造的呢？我不敢苟同。

天下的父母都一样，谁的孩子谁不爱呢？我心平气和地说一句，有的丑得无法见人的产品，还是先回回炉吧，我真怕你拿出来吓到消费者。借用映客的宣传语——你丑你先睡吧，我美我众筹。有的颜值差到爆表的，我也只能礼貌地回复一句："您挺勇敢的，佩服您的毅力，反正我没有审美，我知道。"

除了颜值的问题，品牌商总是忽略另外两个圈。先说说最上面的那个——市场缝隙。这个词我很喜欢，王瑜老师不愧是做数据的，总是先数据后结果，有逻辑！那什么是市场缝隙？我的理解是这样的，比如便携式衣柜可能从价格、材质和品牌三个维度考量。打开淘宝，便携式衣柜通常是60～80元和200元以上两种。材质大体分为木质和钢制的，而品牌更是鱼目混珠。市场缝隙就是在这几个维度里找空白区。没有价格在100元左右、塑料材质的品牌产品吗？有人会问我们，为啥要找到这个空白区，难道做一个大家不做的市场，就成功了吗？我的回答，不是。

那为什么要找一个百元塑料材质的品牌产品呢？答案第三个圈会告诉我们。从产品定位角度来说，"生活洞察"才是制造产品的原动力！我说过，每个产品应该只能先解决用户一个问题，而卖点的出色包装，才是客户购买的理由。

对于便携式衣柜的用户都有什么标签呢？我看了一下销量好的产品和评价，"生活洞察"告诉我，购买者以女生为主。可能是学生或者白领，因为价格相对便宜的产品好卖。其次通过颜色和材质，也能判断她们的审美。她们大多还处于经常搬家的状态，没有固定居住点，就意味着会经常拆卸，那这个讯息告诉我们，产品的材质也相对重要。足够轻便，安装方法简单，这些也是要突出的卖点。而对于木质的还会有一个问题，那就是气候。会不会受潮变形，这也是买家会考虑的问题。最后是价格敏感度问题。大多数的女性用户不会轻易买货架上最便宜的商品，也不轻易选择一个相对较贵的不知名品牌的商品，那选择什么比较靠谱呢？答案是。通过"市场缝隙"和"产品分析"的交集——创意策划，来推一款爆品，会比较容易成功。

我不知道我们的理论是否被认同，但是这种方法我很喜欢，毕竟王老师用这个理论做了几个成功的案例，我是佩服得五体投地。

08 做众筹是挣钱还是花钱

做了那么久的众筹,也答应大家写书,可是所有的计划都在延时中,是双十一来得太快,还是众筹变得奇怪?我觉得吧,先聊一个敏感的话题,大家就都懂了。

众筹是不是被我们玩坏了?!为什么现在好玩的项目越来越少,高金额的越来越多!动不动就要破一千万,做过平台最怎么怎么样的项目。我起初还是热血沸腾地听,后来发现这些数学已经成为公关公司发 PR 稿的流水账了。

有人说,我要做个大米的,做个种树的,做个海景房的,做个保险的,等等。这些项目能靠谱吗?每次听,我总觉得有哪里不对,但又说不出来。如果现在有人找我做尿壶的,我肯定义不容辞地说:"哪儿呢?接!"

为什么?你们是不是说我疯了?这个也能众筹?我觉得要定人

群，如果是给宝宝的便携式尿壶，是不是很有市场呢？问问你身边的 80 后的萌爸辣妈，2～4 岁的宝宝上厕所问题很严重的。这个年龄段的宝宝正处在尿不湿和尿裤子的适应阶段，对不对？你家宝宝有没有出门一次，三条裤子都尿湿了这种经历？那如果有这么一个尿壶，是不是很好？

这个小的生活洞察，只是我一个宝爸爸的尴尬和需求吗？其实大多数人都会有。这是我最近研究王瑜老师三元论惯有的思考方式了。不要只考虑产品功能，还有另外两个圈需要考虑。

说远了，我现在要讲一下，现阶段的众筹，让项目方挣钱了，还是花钱了？我先不说答案，还是说说我早上发朋友圈的事，内容为"你有病，还有救，药很贵"。想当年，我在某网站工作的时候，就说过这么经典的三句话，让当时所有想做社交营销的品牌主焦躁而郁闷。现在呢？所有品牌主想从社交回归电商，纷纷开始琢磨做产品众筹，但大多数依然纠结产品分析，倘若你找不到市场空白区，也不了解用户的使用习惯，那你的产品什么也"解决不了"。因为吴凡告诉过我："师父，产品的本质是解决客户需求，而运营是把产品价值传播出去。"马上双十一了，京东众筹有了直播，公益，明星资源，你的项目准备好了吗？

读了上述文字，猜猜我想说什么？我先说，众筹一定不是一上来就让你挣到钱的，我们发现，玩众筹不是干聚划算，扔上去就开始执行。众筹需要前期选品，后期打样，上线前的推广预埋，执行的时候大量往详情页引流，为什么？问京东众筹高征先生，他 PPT 说得很清楚。

众筹很盲

简单地说,一个效果很好的项目,前期的预算就会花很多。按道理来说,众筹最终金额的 15%～25% 用作推广费。一个常规的众筹服务商,像我们这样的公司,也要收取五万到几十万的服务费,是不是听着都心疼呢？我也说过,京东众筹平台也有相对便宜的,需要的话,我也可以推荐。

我之前的 100 个问题里,有些问题没涉及,比如众筹如何考核算是成功？我特想声嘶力竭地说:"老板,京东众筹不是网站卖货,按类目分,按关键词分,按活动入口分,按店铺评分权重分,等等,您想多了,这是一次众筹。"我们很难凭经验给您预估一个销量,按过往项目算出个投入产出比,真不行!

我不是不想说,关键是太为难我了。郭德纲先生曾说过,说相声吧,难。说不好,台下观众骂你。说好了,台上同行还骂你。幸好,我们京东众筹圈就那么大,没什么尔虞我诈,赴筹者联盟都是真兄弟。

如果您理解我的观点,接下来我说一下怎样帮项目方做众筹省钱。

（1）精准地获取用户。

地推品牌。带着您的产品直接在线下公司做产品推广。在推广的同时,宣传公司二维码及 APP,赠送小礼品或优惠券,线下为线上引流。

利用直播平台,通过直播的方式,直接对产品进行线上推广。

（2）广泛地进行品牌推广。

APP:寻找自带流量但无内容的 APP 进行推广。

IP 变现:话题网红或明星推荐,微博转发方式也可有效推广。

网剧：借助影视剧的力量进行宣传推广。

DSP：更多的时候，我们建议客户进行 DSP（需求方平台）精准投放，用有限的成本做最有效果的投放，精准人群、地域。

（3）有效地减少跳失。

在支付问题上，经常会遇到客户没有绑定银行卡，或者没有注册钱包，从而发生跳转问题。

如果我们在有利的地方推广二维码，客户可以直接微信支付，这样就能有效挽回因支付问题跳转的客户，保护应有销售。

（4）实效地运营众筹。

有效的话题区维护、及时的项目进展更新与退单处理、快速准确的订单导出与录入等，可以保障众筹项目的合格，减少扣点，甚至达到免一个扣点标准。

成为京东自营或者京东众创家，最高可以免除 3 个扣点。

最后补一句，像几年前的微博，众筹也开始从盲目跟从变成理性营销。众筹会慢慢下沉到二三四五六线城市，我期待众筹 4.0 时代的到来。

众筹很盲

09 破千万众筹，这么运营一定行

当众筹开始全国整体营销推广，当众筹开始向二线城市下沉，当众筹开始区域化垂直，那么，我所谓的众筹 4.0 时代离我们就真的不远了。

不论跟我熟悉的还是不熟悉的人，都在追问我众筹到底怎么运营，是不是跟聚划算一样，只要放在平台上就可以了？我的回答很干脆，当然不是！电商运营对于我来说，一直很难。直到我遇到京东众筹，我才开始意识到运营是如此重要。

如何做到站内运营破千万级别的众筹，而且不跑偏？

我的答案是，首先要有一个完美的众筹详情页。

目前众筹项目考核的第一关就是页面设计，如果你仍不重视这一点，那恐怕你的产品上线时间没谱了。我个人觉得平台对页面考核度提升，是有助于用户更好地理解我们的产品。

我之前讲过很多次，项目方不要总强调我们的产品有多好，而不关注众筹支持者的属性与痛点，包括幸福感。什么是众筹者（这里指的是京东众筹人群）的属性，我可以用5个标签再次重申一下：男人、28～35岁、一线城市、中等收入、科技宅。

有这样的人群，他们会不会对你的产品产生痛点呢？他们的幸福感在哪儿呢？

比如，你是卖平衡车的。你的产品是不是可以让他们方便快捷地出行？是不是让他们在用的时候，感觉这是一款非常拉风的装备？

如果是，那你的详情页是不是要把这些信息放给他们看呢？这些信息一定需要一个很好的视频衬托，但一定不是我说的老三套的视频展示。

什么是京东众筹"老三套式"视频？

京东众筹老三套视频，就是通过三段视频进行内容展示的众筹视频，风格千篇一律，传达效果极其一般。通常第一段是科技研发人员的陈述，第二段是产品使用场景的还原展示，第三段是公司的CEO或者负责人的总结。

这就是视频的魅力了，让每一个看到的人都会热血沸腾。不是我有多需要这个产品，而是我会产生"喜欢"，在冲动的情绪下下单！

让你的众筹不太亏钱，设好档位很关键！

我之前的课程讲过，设置档位也需要分成四类。

（1）众筹的引流档位，一定是为了项目的站外推广。比如线下的抽奖，H5页面转发，这些要声音的档位，一般是10元以内的抽奖档，具体内容要看品牌方的实力了。

（2）众筹的饥饿档位，一定是低于市场价又很有诱惑力的产品档位。价格一般是未来市场定价的 5~6 折，数量一般都很少，需要大家在短暂时间内抢购。

（3）众筹的主力档位，一定是品牌方最想销售的内容的档位，一般是市场价的 6~8 折，通常以 99 结尾。服务或者产品内容相对丰满，也比较容易受到大多数用户的追捧和复购。

（4）众筹的大客户档位，金额相对高，内容相对单一的内容档位，不过也是全国渠道商进货或承接代理权的档位，方便完成项目的进度与金额。

准备了页面的基础内容，包括上传资质和提审项目，提交样品。那最关键的运营精华内容就该开始了。

什么是众筹运营七宗"最"？

这是我个人总结的运营需要注意的七个内容。

（1）最准的流量把控：UV+PV。

每天的站内 UV 排名会直接影响第二天的广告资源位。对于平台来说，不是有了销量就是好项目，有流量的项目才是可持续的好项目。之后商家还需要根据流量分析，调整广告的投放位置及投放力度。

>>> 第二章 众筹感悟

总订单数 **685**
总支持人数 **662**
总筹集金额 **331184**

总浏览量（PV） **5751**
总访客量（UV） **4621**
总转化率 **11.91%**

档位分析

档位参与用户
全部 参与用户数662位，各档位参与分布情况如图所示。

档位筹集金额
全部 筹集金额为331184元，各档位筹集金额分布如图所示。

流量来源分析

■ 京东流量　■ 外部流量

外部流量来源top10

排名	来源网址	访问量（UV）
1	m.baidu.com	37
2	www.baidu.com	29
3	www.so.com	8
4	www.google.com.hk	2
5	www.google.it	1
6	www.google.com.br	1
7	www.google.com	1
8	www.sogou.com	1
9	www.google.com.au	1
10	mersea.bytedance.net	1

093

（2）最热的话题更新：专业+真诚。

通过话题，寻找产品的弊端与页面优化的基础内容。目前看来，访问话题区的人会有以下几种情况：种子用户挑刺，业内同行学习，买家催促发货，发起方感谢。不论是谁吧，我希望大家都要及时回复内容，否则你要被扣分的。

（3）最快的项目更新：简明+细节。

通过项目的及时更新，有机会获得平台减免扣点。更新项目其实并不难，只是有些项目方真心没人操作。

（4）最炫的页面更换：创意+文案。

通过不同的时间节点，可以替换页面上的宣传卖点以提升转化率。一般上线后的项目，或多或少都能赶上一些节日。特别是赶上10.1、6.18和11.11这种电商大节点，你要是抓不住营销，那宝贵的流量就白白浪费了！适当地调整页面内容，有助于用户点击。特别提醒一下，有几个比较常见的头图，我也是看得厌烦了。比如，某项目几小时能破×××万，某项目已完成×××万销量，这些都是有促销性质的头图。包括，离众筹结束最后××小时，速抢，等等！

（5）最好的客户维护：社群+售后。

通过与支持者的互动，提升销售转化，减少支付跳失。大多数用户还是比较了解京东商城的支付方式的。但是京东众筹是不可以用第三方支付的，那怎么办呢？是不是会有很多用户跳失呢？答，一定会有的。那就要利用项目上的二维码，扫描进行1对1的服务，既提升销售体验，又减少支付跳失。

(6)最优的活动展示：地推+论坛。

通过京东线下的展厅增加品牌曝光率，通过众筹自身的论坛和众筹故事，提升线上用户多维度的理解与认知。在京东总部一楼，有一个京东金融的展示厅，在线的项目都有机会申请线下展示的机会。每天11点到14点，是京东员工吃饭的时间，只要你的奖品带得足够多，产品足够好，让几百个人帮你转发朋友圈，晒众筹页面还是可以的。我特别推荐运动类、母婴类的产品，转化率会好过其他品类。至于众筹的品牌故事，尖货，0元评测，都可以试试，包括轻众筹。

(7)最广的外围引流：社交+APP。

通过站外的持续引流，完成二次曝光和置换站内广告资源。好多人都在研究哪个渠道的流量最好，有人说京东直投，有人说喜马拉雅等APP开屏弹窗。我个人觉得，社交媒体一定是广泛推广，看得是PV和UV，为了让品牌知名度更高，那APP的广告和相关的内容植入，一定是找到粘性粉丝，做深度的广告。我不排斥用大V，因为他们的影响力极强！

最后，给大家分享一下，我的黄金5天时间分割法则。

什么是众筹期间的黄金5天时间分割法则？

答，就是把整个项目暂定为一个月，每一周为一个工作周期，每五天为一个黄金节点。上线前5天，命名为黄金爆点阶段。中间的20天，命名为站外推广阶段。众筹结束前的5天，命名为重返冲刺阶段。

上线的前5天，主要看的是外部引流、金额、转化率的总表现。

中间的 20 天，主要是看站外精准广告的投放效果，以保证站内推广效果。结束前的 5 天，主要是给众筹成功的项目的。达到 100% 以上的，就有机会获得热门推荐等其他有利位置的广告位。在如此高价值的大流量的辅助下，破千万的机会很大。

10 众筹一个亿不是梦

当我喝完了最后一杯用科贝尔胶囊咖啡机冲泡的咖啡,站起身要离开办公桌的时候,我看到了众筹页面上的数字:一亿!我被惊呆了,这个数字,是不是一个亿?!

我努力让自己冷静下来,这个"蛋",震惊了全众筹界!

当你不知道小牛电动车的神话时,小巨蛋已经破亿了!

如果有人问我:"一个亿的众筹,你怎么看?你想说点什么?你觉得销量有多少水?"

我想说:"你看到的是一个亿众筹金额,我看到的是商业价值和行业蜕变。"

当有人看到我说的,肯定想知道几个内容:什么是众筹?什么是小牛?什么是无人机?什么是PowerEgg?什么是1个亿销量?

如果还有别的问题,欢迎去平台问我,我会实话实说。言归正传,如果你问我众筹到底还能火多久，还能活多久？我依然回答，众筹不死，盛世已开。大家会不会觉得是因为一个亿的业绩，众筹又要火了呢？而是我想说，懂众筹的人开始玩众筹了，中国的智能产品企业也要从工厂蜕变成为品牌了，众筹4.0时代即将到来！

科普一下，小牛电动车M1是国内众筹界曾经的神话，8100万的业绩，无人可敌，所向披靡。它征服了所有科技宅的心。即使有人在质疑他们的销量，我却不在乎那些无聊的问题，因为一个新品牌的建立，少则需要几年，多则几十年。但是小牛的出现，让产品成为品牌，用了不到一年的时间，简直就是奇迹。它让更多工厂开始觉醒，从代工纷纷走上自主品牌的道路，这一切都要感谢小牛。

什么是无人机？无人驾驶飞机简称"无人机"，英文缩写为UAV，是利用无线电遥控设备和自备的程序控制装置操纵的不载人飞机。

如果有了资本的支持，科技产品会很快进入商用和民用市场，真正的消费升级类产品也会全面铺开。从另一个角度分析，当一个科技产品的代表，从小众市场变为大众，那这样的产品即将改变人类的生活方式。如果我说无人机你不知道，那9年前的你，照样也不知道什么是触屏无键盘苹果手机。

有人会说，你是不是被1个亿洗脑了，无人机怎么能跟苹果手机相提并论呢？它怎么会改变人类生活方式呢？如果说空气净化器、智能门锁、扫地机器人、智能手环，都是智能产品和大数据引导下的启蒙产品，那以无人机和VR眼镜带队的第二波升级类产品的问世与效应裂变，必定将开启我们对未来世界的新认知。

大家都知道，这些黑科技产品大多来自深圳、广州、杭州一带，假设当这些黑科技的"心脏"快速壮大，迭代的产品齐头进军全球市场，那中国经济整体会跨好几大步。世界较大的经济体也会被中国的众筹市场所影响，众筹所带来的蝴蝶效应，应该是整个生态链的变迁。

首先，众筹的源头是美国，目前更多的订单又回到美国市场。

其次，更多的生产基地和加工在中国或者东南亚，意味着产品本身的成本低，利润高。

然后，一旦兴起，国内会疯狂追捧，能带动国内的其他生产线。

最后，国人受益，带动周边产品的产业链生产，比如苹果手机。

第二波黑科技的强势来袭，选择众筹确实是他们最优的方案，在短短一个月的品牌强曝光中，既做到了全网聚焦，躲开某些商城平台的竞争，又能第一时间打造小类目或者传统类目的新秀地位，真是一箭双雕。我坚信在未来几个月，不仅仅是智能硬件、智能穿戴、智能家居、智能出行，智能健康，凡是跟智能有关的，都会慢慢弱化"智能"两个字，它们逐渐成为我们生活的一部分。准确地说，在不久的将来，我们的时代就是机器人的时代了。那购买的渠道，必定是像众筹这样好玩的平台，如果没有众筹，谁会去购物平台搜小牛？搜猫王？搜 PowerEgg 呢？！

什么是 PowerEgg？一定让大家震惊！我在全网找到以下信息，果然被惊到！PowerEgg 的公司叫臻迪科技。他的定位是，商用无人机及 VR 业务领导者！这样的广告语，听着就很霸气。我仔细看了一下众筹页面，也看了两次页面上的视频，包括微博上郑总的一些秒拍内容，我想用一句话来表达我对产品的感受，那就是，"人若没了想象，世界将会变成什么样？"

直白地说，我第一次听到PowerEgg，是别人跟我说的，我没觉得这个项目有多好。某天在京东的展厅看到它，也没有去摸摸。直到它破1个亿，我才重新关注它。对项目本身我没有很大兴趣，但是它带给生产链、媒体、行业动态的各种蝴蝶效应，我会持续跟踪与点评。

一个亿的销量是什么概念？做电商运营的朋友告诉我，在某网购平台，最牛的品牌爆款单品一个月的销量是大概是几十万或是上百万。如果是一个月破一个亿的爆款，那是多大的量啊？关于臻迪的销量是否是真的，我无权评论，也不是这篇文章的重点。我想表达的是，当更多的电商企业想要更好的销售业绩的时候，我可以推荐他们看看PowerEgg，因为人活着，就要给自己定一个小目标。

设计上的微创,也是一种流

关于众筹我确实做了好久,不敢说多么专业,但是在电商的营销思路上,我们团队的创意基本上还是能应用在众筹的策划和视觉上的。

去年我们团队设计的YOOTOO拉杆箱的众筹方案,我就看到有人在"借鉴",而龙牙的银离子杀菌内裤方案,我再一次看到有人在"借鉴"。

对于这次的"撞脸"事件,我还是想要很理性地说说。

第一,龙牙内裤的众筹确实很成功。毕竟有这么多军迷和铁血粉的支持,才让那次众筹做得如此有意义,也同样让更多的人买到自己喜好的"装备"。这只能说明,龙牙产品被行业认可。

第二,电商就是在做视觉营销,能把页面风格做得如此相似,那真是让我惊叹,感谢页面设计师和文案的改良,毕竟还不是完全一样。这说明，我们的视觉理念被同行认可。

第三，产品的价格能卖得如此高档，说明有钱人的市场还是比较好运营的。看到289的标价，我也会力挺品牌方坚持性价比的原则。这说明，用品牌占领市场的策略被用户认可。

关于"撞脸"的细节和结果我就不评论了，毕竟龙牙的众筹都过去近一年了，拿出来看看，还能想到好多有意思的事情。

12 一代猫王,众筹的辉煌

想想"猫王"从第一代到最新的这代,我已经数不过来了。我也是它忠实的追随者,也期待它每一次的蜕变,以及它给"猫王"粉丝带来的惊喜。

这里我想先补充两个知识点,以便我们继续后续内容。

第一个是盲筹。

盲筹，一种创新的众筹营销方式，指消费者在不知道产品具体样式、价格和发布时间的情况下下单，最终获得物超所值的商品回报的一种创新营销方式。盲筹是个人影响力在特定圈子的变现能力，这个过程就是那些未见其形而首先选择信任的思想，在与环境交互的过程中会充满乐趣、收获喜悦、达到心理上的满足。

第二个是 VI。

VI 全称 Visual Identity，即企业视觉设计，通译为视觉识别系统。是将 CI 的非可视内容转化为静态的视觉识别符号。设计到位、实施科学的视觉识别系统，是传播企业经营理念、建立企业知名度、塑造企业形象的快速便捷之途。企业通过 VI 设计，对内可以征得员工的认同感，归属感，加强企业凝聚力，对外可以树立企业的整体形象，资源整合，有控制地将企业的信息传达给受众，通过视觉符码，不断地强化受众的意识，从而获得认同。VI 为企业 CIS 中的一部分，企业 CI 包含三个方面，分别为 BI、MI、VI，即行为识别，企业理念识别和视觉识别。

这一次的 OTR，对于品牌发起方，通过创始人的影响力来为产品做代言，也是能提升用户偏好的。整个视频（扫描下文中的二维码观看视频）的风格很符合年轻人的喜好，产品多元化的转型，也是为了让更多的用户能体会和感悟到产品的变革与迭代，整个视频的展示也提升了详情页的调性。

第二章　众筹感悟

猫王的最新一代产品包括复古绿、嬉皮红、原木色和桃木色四种颜色，每种颜色都作为独立产品，单独进行了众筹，效果都挺好。接下来我们看看详情页。

如此有格调的海报，表现出"猫王"对嬉皮文化的致敬。

我喜欢产品细节图，整体表现得十分高大上，点赞！

105

众筹很盲

功能细节展示完美，满分！

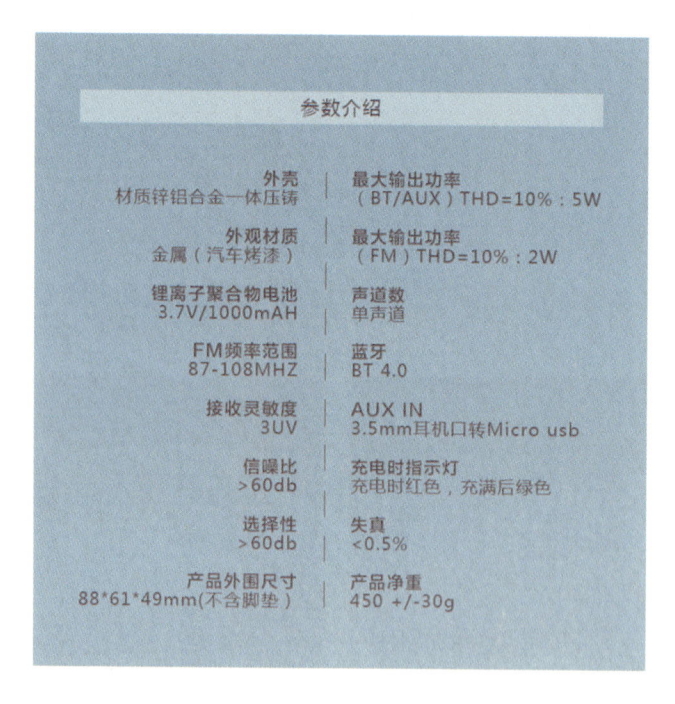

参数展示，十分详细，满分。

第二章　众筹感悟

名人背书，非常好，只可惜不能放一两张真实场景还原，可信度减弱。如果要是利用 KOL 完美的生活场景展示或用一句点评的情感营销表达出来，那我猜吴声老师肯定会来点赞的。

在这里，简单介绍一下吴声老师，他是罗辑思维联合创始人，1974 年生，电子商务和互联网营销资深研究者，互联网社群《罗辑思维》联合创始人，曾任凡客诚品副总裁、京东商城高级副总裁、乐蜂网总顾问。场景革命理论提出者。商务部国家电子商务专家咨询委员会委员、商务部中国电子商务委员会执行秘书长。中国传媒精英沙龙"正知书院"发起人、创始理事,民营企业家私人董事会组织"领教工坊"领教。受聘于长江商学院、清华大学、南京大学等国内多所名校,担任客座教授、顾问。

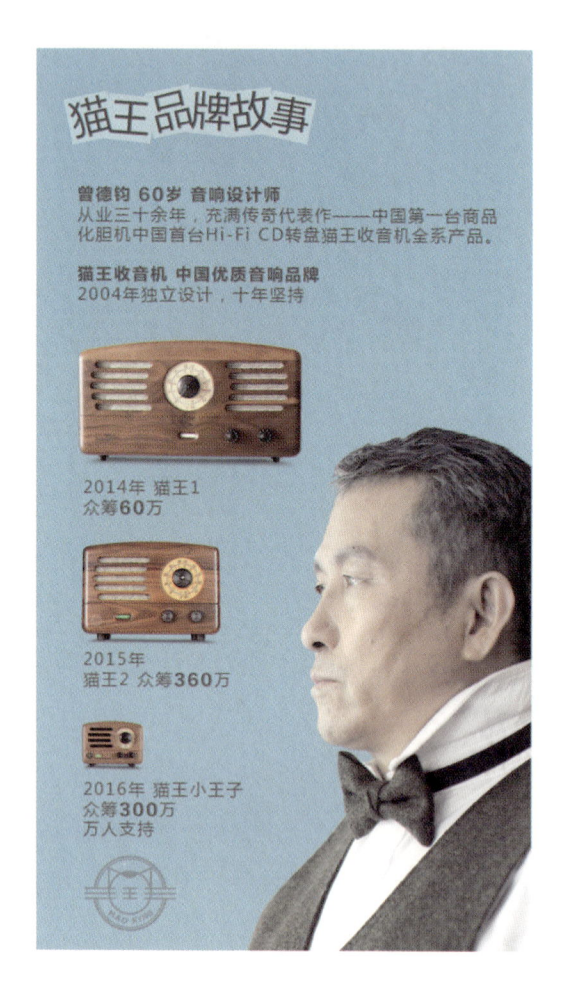

猫王品牌故事

曾德钧 60岁 音响设计师
从业三十余年,充满传奇代表作——中国第一台商品化胆机 中国首台Hi-Fi CD转盘 猫王收音机全系产品。

猫王收音机 中国优质音响品牌
2004年独立设计,十年坚持

2014年 猫王1
众筹60万

2015年
猫王2 众筹360万

2016年 猫王小王子
众筹300万
万人支持

我很期待这次的数字,到底会不会给我们一个惊喜呢?到底多少?!

从页面的营销角度而言,这次我的感受是,复古绿不是那么彻底,让我个人觉得像是抹茶绿,没有时代感,有点小跳跃。整体的VI是有的,但是不是猫王品牌的呢?换句话说,猫王品牌的VI到底是什么?我也不好意思问设计者。

我个人建议,做页面可以把VI系统应用上,这样好识别,也容易让第一次看到"猫王"的人记住。对于设计来说,我个人不专业,但是对营销来说,我并没有感受到这次"On the road"的主旨到底是什么?是拼搏在路上,还是生活就是一路走来,还是生活就在脚下,要表达什么,传递什么,我希望能否优化的突出一下,让我知道您每款推出的意义。补充一句,有没有考虑女性用户的需求点?总是在罗列参数,会不会有购买的冲动呢?

营销一种持续的工作,而非事件营销。我觉得曾老已经建立了靠谱的团队,我很为他开心。但是未来是不是还要做更多新的众筹项目,我也想有机会跟曾老的团队聊聊。因为我猜,曾老应该更关注产品本身,而非营销。因为现在的营销表象告诉我,他的产品已经迎合用户的口味了,对于产品本身的初心,我不知道曾老怎么看?

我在微博上,看到过大家的晒图和讨论。

众筹很盲

第三章　众筹案例

众筹很盲

01 不被关注的非电商产品卖爆平台
——《黄河万里图》邮票珍藏折

在电商平台，消费者买得更多的是服装、家电、食品，而产品众筹不仅仅有科技产品，文化版块的艺术品也有很多成功案例。对于传统的邮票市场来说，线上销售应该不是主流的销售途径，特别是在京东这种以电子产品为主的平台，能把文娱小众的产品做好，

操作起来确实不简单。《黄河万里图》的珍藏折，是中国社会最具活力和变革的时代，它被社会赋予了特殊的期颐与重托。《黄河万里图》主题的黄河是养育了五千年中华文明，见证了中华民族的觉醒、抗争、咆哮、坚毅、隐忍、仁爱、宽融，等等。而作者袁加老师，也是我们现代著名的画家。他1983年毕业于中央美术学院，曾多次参加国内外画展，他创作了众多大型国家公共艺术，曾数次设计邮票，2013年与其父亲，我国著名画家袁运甫先生，合作绘制了人民大会堂金色大厅壁画《长江万里图》，轰动画坛。

对于邮票的众筹，我们作为服务商，原本的预期不高，在创意和执行方面也有很多的阻力与烦恼。因为在线的历史数据太少，我们很难揣摩线下的集邮爱好者的习惯与购买力如何转到线上。对于刚刚接触艺术品众筹的我们，也做了不少功课。

首先，我们分析了产品的受众年龄和购买习惯。大部分的消费者还是传统地在线下购买，年龄相对偏大。艺术品的购买力和推广就成为我们首先考虑的问题。

其实，对于前期的预热和线下邮政门店的宣传，我们提出了不少苛刻的要求。比如价格上就要做到京东众筹的首发优越性与唯一性，区分于传统的线下销售的模式。而每一家门店必须要配合线上的推广，制作二维码的易拉宝，为线下集邮爱好者的流量导入页面上购买。

最后，保证众筹平台成为更多准消费者的支付途径与购买的信用背书。满足集邮爱好者足不出户、无须排队不排队，就能"抢"到自己心爱的珍品。

更有意思的是，每一个支持者都可以通过朋友圈转发链接，让更多的人来支持与传播。

对于创意而言，众筹是给传统的营销模式增加了社交的属性，有助于二次传播。让艺术品不仅仅有价格，还有温度和态度。通过购买者在朋友圈分享，也能表达出一个人的审美与对艺术品的追求，从而做到众筹自传播的目的。

产品在众筹营销方面也增加了不少小的创意，首先是名人效应，袁加老师是一个不错的 IP 输出方。当众筹拥有强大的名人或者自带流量内容时，消费者会主动选择与追捧，增加持续不断的粉丝效应。为了更好地突显袁加老师的艺术气息，我们还专门为他定制一款中国风的服装，配合产品页面的拍摄，让艺术家的视觉影响力为艺术品代言。

在袁加老师亲自把关品质的前提下，普通版发行限量只有1万册。这种饥饿营销的方式，也是在2015年的众筹圈少有的表达方式之一。整个项目最终在线上影响了3784人的参与，获得了5220%的完成率。除了限量，在整个产品内容上，发起方——山西邮政也十分用心。众筹产品内置《黄河》邮票套票小版张及《黄河万里图》创作素描稿纪念小版张各一枚。

众筹很盲

好的众筹产品对电商营销来说，更多的营销还是基于是页面展示的。对于这么有艺术感的产品，如何将其更好地展示给线上的集邮爱好者呢？我们的答案是简约的色彩与简单的排版。

页面整体展示方式清晰简洁，使用黄色和灰色来突显黄河的雄伟与艺术风范。为了展现邮折的全貌，我们也第一次在京东众筹平台上尝试动态图来展示，让消费者更直观地理解产品。

透过现象看本质，众筹除了自身的宣传作用外，也解决了很多用户购买新渠道的问题。整个项目推广阶段，全网乃至线下门店的银行与邮政渠道，都为京东众筹推广，页面自然成了唯一销售入口。更多的非电商用户，传统集邮爱好者也必须通过京东众筹进行购买。这样，自然就会出现几个问题：京东众筹的支付问题、京东众筹新用户增加的问题，以及线上线下渠道打通问题。

关于支付问题，目前是需要每一个支持者，用自己的京东账号，绑定银行卡，来进行支持。支付的安全性是可以保障的，当时的支付方式过于单一，也会产生部分用户的跳失。增加新用户是平台和项目方都喜欢看到的结果，因为不论是线上的平台，还是线下的粉丝，都可以通过平台的背书，增加购买的可靠性，也使得用户买起来安心。线上线下渠道打通才是让发起方最欣慰的，既拓展了电商渠道的市场，又做了线上的品牌曝光。

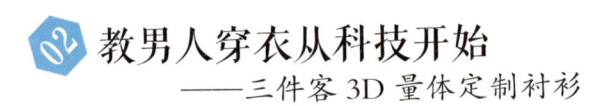

02 教男人穿衣从科技开始
——三件客 3D 量体定制衬衫

世界上最不懂审美的群体，应该是"直男"。什么是直男呢？就是只喜欢女性的男生，他们的特点是，爱穿运动装、大拖鞋、玩游戏、用黑科技。他们更多的注意力在工作与娱乐，而没有时间去打理自己。

众筹上的人群画像非常明确，大部分都是直男。那什么样的产品或者服务能解决他们购买衣服的问题呢？我的答案是，专属定制服务。

定制服务很早就被大众所认知，但是 3D 定制还是一个比较新的领域。对于这个项目，我们对服装行业的分析角度与理解，又有了一些新的启发与内容。

第一，男性购买服装的主动权，不在于收入的多少，而在于是否有女朋友或是配偶。

男人很少有时间去解读自己的性格与穿着打扮，特别是在流行聊星座的年代，好多单身男人还是对此一无所知，更不要提自己该穿什么款式的服装进行搭配了。据我们当时的调研显示，平台上大部分的众筹用户，是很少有合适的正装或者衬衫的，他们购买的主动权在自己而不是另一半，这也是我们坚定做 3D 定制服装众筹项目的原因。当时做众筹定价策略时，我们考虑档位设置实体服务与服务卡两种回报方式。这样可以让更多的用户有尝试的机会。毕竟 3D 的量体定制还是比较新的概念，价格过高会跳失客户的存量。

第二，对于衬衫的款式和尺码，很少有男人可以明确自己的喜好与购买习惯。

男性选择衬衫，大多数会选择保守的白色、黑色和蓝色。衣服合不合体、领子会不会系不上、袖子长、坐下来肚子紧绷，这些问题都会导致衣服穿着没有买的时候好看，这种单调的颜色与设计，也很容易撞衫。3D量体定制，有8种领型，3种门襟，4种后白，7种袖口，5种口袋，21种纽扣，可以供用户选择。这样的搭配非常适合理科男的逻辑思维，通过页面的动态图，让消费者立马爱上这种新的购物方式。

第三，男人买衣服是不是买两件足够好的就可以适应所有场合呢？

我给出的答案，不一定。在不同的场合应该有不同的服装，而且随着年龄的变化，身材会有极大的变数。特别是上学时和上班后，结婚前和结婚后的，等等。所以，好的衬衫不能只有一件。项目方根据客户身体变化，也做到了全年追踪，大数据云存储，智能匹配选择衬衫的策略。

第四，男人也有社交属性，你的衬衫也是可以帮你社交的。

3D量体通过线上众筹，达到线下上门预约服务，这样的感受足以让你在朋友圈或者微博上炫耀。我亲身感受过3D扫描的服务，只需要5分钟，利用一部ipad可以搞定你挑选衣服的麻烦。最终的项目也被京东内部员工高度认可，在潜在客户层提到较高的美誉度。

3D扫描
上门快速3D扫描
只需5mins
比裁缝老师傅精准20%

众筹很盲

    透过现象看本质，好的创业项目，不论是产品或者服务，都是从一个痛点出发，最终解决用户使用的问题。一个企业要是拥有好的盈利模式，应该在孵化阶段就想好方向，有针对性地向投资人提供包装与路演。如果只是为了研发而研发，那最终的结局都不会太好。当产品的核心技术不能成为商业壁垒时，就需要拿出不同维度的解决方案，来提升公司的核心竞争力。

    好的团队要从各个领域吸收人才，大家分工明确，各司其职，而创业的 CEO 就要有能力管理整个团队，让大家稳定地向前走。男性消费群体是一个比较简单的市场，除了表达产品参数与新科技的试错机会，更多要考虑男性购买产品的逻辑思维和合理的使用习惯。

03 双"11"引爆 3D 入门级产品
——Aladdin3D 打印机

3D 打印机从行业属性来说，用户更多的偏企业级客户市场。那如何通过众筹把 B 端客户产品卖到 C 端客户市场，并且达成 200 万的销售呢？

3D 打印对于一线城市的人来说不算陌生，但就全国市场来讲，还算是比较新鲜的事物。3D 打印的技术更多还是偏向工业设计领域，以节省打样模具、减少工作时间、提高工作效率为出发点。

当我第一次看到产品的时候，就立刻进行了头脑风暴，很快把 miniOne 定义为"入门级"3D 打印的"科技玩具"。众筹受众锁定为众筹平台上，像我一样我活跃的 80 后的爸爸们。设计众筹项目时将整个科技感突出，反而弱化 3D 打印出的作品的精密度。

产品本身自带 APP、创客。在创客平台上有大量成熟的 3D 打印爱好者，分享并寻找自己想要的图案，或者分享更多的模具，来增加 3D 打印的乐趣。让每一个支持者都很容易接触到这个看似高深的领域，而"APP 控制""WiFi 链接""便携设计"，这三个功能被我们展现在众筹的头图中。

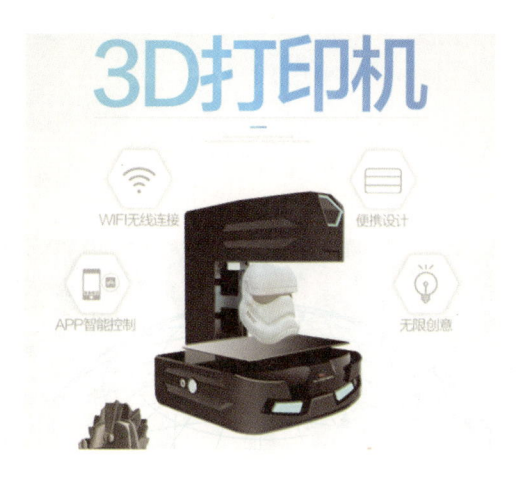

miniOne 的外观像一台老式的缝纫机，但是两个蓝色"眼睛"，和自动起降的打印针头，让设备具有很强的科技感与传播性，可以为了更好地吸引受众的眼球。我们定制了一款类似变形金刚中大黄蜂的配色，博得了很多众筹支持者的好感。

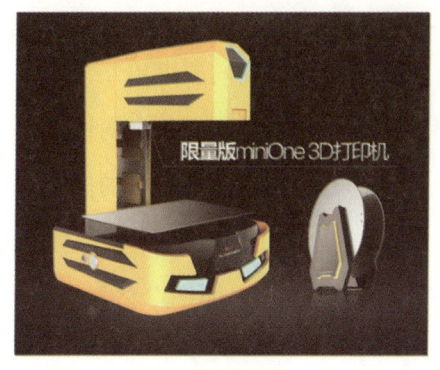

产品参数

高性价比

miniOne出厂已经水平调试精准，组装完毕

• 开箱即用　　　• 无需调试

  miniOne 是"入门级"产品，所以在打印成品的精密度上，我们主推简单的创意手办，COS 道具模型。因为这些模型的打印，miniOne 是完全可以胜任的，过于复杂的打印也与产品的技术不相符，弄不好反而会减少支持者。从使用的难易程度来说，miniOne 完全可以满足小学生以上的人群。

  在整个众筹页面表达上，我们要突出 2 个卖点：科技和简便。科技方面，利用了科技的渐变蓝色突显；简便方面，依靠文案一次次强调"一款人人都可以用的"3D 打印机的概念，来影响受众。

  项目的成功，还有很多营销的关键点。首先是线下的推广力度。整个项目在执行阶段，miniOne 参加了广交会，赢得不少线下发烧友的追捧，为线上积攒了不少潜在购买力。其次是项目上线的时间。miniOne 选择了 2015 年的"双 11"，也就是电商全年最好的流量红

利期。最后是产品的定价很符合市场供需价格。1999元的"黄金"价格，符合"入门级"的玩家"身份"。

让我们所有人感到意外的是，上线当晚，miniOne的销量就破了一百万！同时，miniOne刷新了我2015年度最高的众筹金额，也是我人生的第一个"百万"级的项目，"里程碑"的项目，也引来国内某大手机品牌的关注，也算是项目获得的一个不错的"彩蛋"。

透过现象看本质，黑科技产品最适合京东的众筹平台首发。在最好的流量时间节点，能把一个合适的项目打爆。好产品自己会说话，通过合适的页面与视频展示，让更多的用户理解3D技术的应用。再加上广交会的地推活动与产品自身的APP互动传播，让miniOne成为京东众筹上不可多得的好项目。因此，很多科技风口，需要在合适的时间推广。过早进入，会成为教育行业的铺路石，过晚进入会成为其他竞品的炮灰。

众筹很盲

04 智能旅行从芯开始
——YOOTOO 智能旅行箱

  一个不平凡的产品，设计众筹页面时展现三个卖点就足够了。智能旅行是近年来比较热的一个概念。YOOTOO，我利用"跨界抄"的办法，在旅行箱与人工智能的概念中，寻找出一个相对空白市场认知，做一款价格不敏感，但外观与功能又超炫酷的"智能旅行箱"。

YOOTOO已经成功进入了我在众筹培训中的经典教案，也是所有常规众筹创意文案的思考方法中，最非常规的一个。常规的众筹创意，是根据产品的功能点的提炼，结合众筹平台的人群画像，最终确认产品卖点。

YOOTOO的"非常规"打法，是我根据品牌负责人于总的性格定制的创意。于总是典型的水瓶座，对于行业的上下游认知会很宽，但对自身的旅行箱没有那么深。于总对很多科技产品都很感兴趣，对科技出行也有一个很高的认知与理解，同时呢，也对产品本身的材质有所钻研，所以他很认同的是"匠"，而我给于总的个性化品牌定位，提炼了一个"犟"字！什么是犟？就是有牛那种冲劲儿，往前看，跑得远，又有对事情钻研的执着劲儿。

匠人·犟心
发烧打造您的旅行管家系统

每个品牌，与其说是解决某类用户的痛点，不如说是帮品牌背后的老板讲述创业的故事。通过寻找于总性格上的特点，我为这个产品找到了对应的市场定位，那么一个爱科技又专注材质的老板，会给我们带来一个什么样的旅行箱呢？

在研究众筹产品定位的时候，我提出了另一个理念，把箱子具象化或者拟人化。在策划讨论中，我们也一在思考如何利用图片来展现拟人效果。人们出门旅行最喜欢什么，最讨厌什么呢？我的意见是，出去玩如果有人帮忙打理好所有事情，不用看导航，不用拿行李，累了有地儿坐，是不是很惬意？但是这个跟箱子有什么关系呢？别急，我们慢慢了解。

对于旅行来说，"时间"是最宝贵的。我们在众筹页面用一张图片来展现旅行中的痛点。

是不是非常清楚呢？这种时候，假设有一个管家一定可以为你节省很多时间，那管家到底有什么特点呢？我认为，首先是体贴，其次是细心，最好还要身强力壮，外加智慧。按照我们提到的那么多特点，我们把YOOTOO的三个功能与三个卖点对应上了。

箱子本身安装的蓝牙模块，可以让我们通过手机来观察箱子的运动轨迹，并发现箱子丢失的GPS定位。我们用了两张图片，给用户直观地展示YOOTOO的手机定位功能。

众筹很盲

箱子的外观不提了，接着我们用了一系列细节图片，从箱子的材质到轮子，从把手到海关锁，包括它的分区收纳功能，让用户第一眼看到就确信这是一款很棒的产品，事实也确实如此。

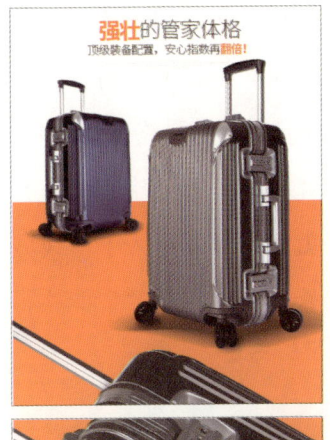

>>> 第三章 众筹案例

强壮的管家体格
顶级装备配置，安心指数再翻倍！

超坚固
你折腾，我随意
德国拜尔PC材料（聚碳酸酯），
可抗卡车级冲击

0分贝
二人世界，他听见的只
有你的声音
美国SJTOBOL万向轮，
0噪扰，超静音，做到
真正静谧无声

超严密
全世界通用
TSA海关锁，密码锁与海关锁双层防护
更牢固，满足任何国际海关开锁检查
要求，避免国际海关破坏箱锁检查

好提手
阻尼感十足
阻尼感十足提手，在保持坚固耐用的
基础上，采用奢侈品级别握手，拉起
后会慢慢落下，不会发出难听的噪
音，优雅至极。

鞋
方便打理
你的第二双鞋

内衣物
避免搞脏
内衣，内裤，袜子

衣物
整齐干净
衬衣，T-恤，
裤子，裙子

133

众筹的视觉效果上，我们应用了橙色灰色的对比，把产品的细节放大，整体页面显得高端大气上档次。项目上线后，项目方让出了最大的利润，以最低的价格开始众筹，众筹最终以 30 多万的惊人业绩，同时也给了我一支强心针，让我知道智能旅行产品，可以继续做。YOOTOO 众筹下线后不久，就很顺利的进入了一线城市不少潮牌集合地的橱窗中，让更多的年轻消费者看到"智能旅行产品"的身影。

透过现象看本质，科技产品、潮牌产品，市场非常庞大。如果能做到跨界抄，用众筹平台也可以为小品牌造势，做行业背书。YOOTOO 已经在北京、上海等线下潮牌店布局，也为了品牌后面的更好商业化和智能化做好了规划。

05 社群电商开启品牌神话
——龙牙永久抑菌除臭银离子内裤

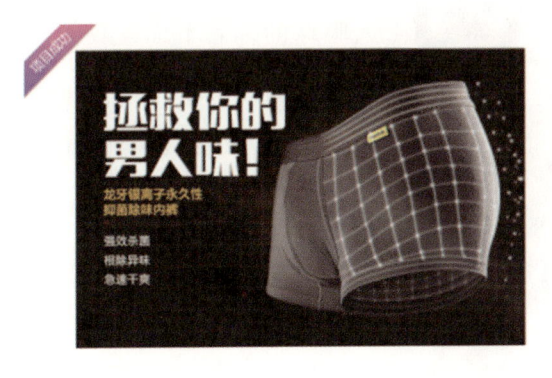

一条内裤,能解决太多男人的问题,龙牙这个品牌对于大众来说不是很熟悉,但是对于军迷来说那是响当当的。国内第一大军事网站叫铁血网,而铁血自主服装的战术服装品牌就是龙牙。

龙牙的品牌是刚刚建立不久,但是龙牙的粉丝粘性非常高,也是户外战术装的忠实购买者，他们大多数混在铁血的论坛里，年龄大多在 30～45 岁之间，消费能力不错，而且对迷彩系列、海魂衫系列也情有独钟。

如何利用现有的庞大粉丝效应，来为众筹添砖加瓦呢？答案是，选择正确的流量导向，与合适的推广内容，在整个论坛乃至全网进行有效的精准广告投放。

龙牙内裤的案例，也成为我每次培训必讲的内容。重点在于它的文案，让我佩服得五体投地。众筹页面上最经典的广告语，是我的师弟王瑜写的。"拯救你的男人味"，是不是很厉害？在这个醒目又抓人眼球的标题下面，我们用很具画面感的小图抛出了男人的烦恼，可以让男性用户很快产生共鸣。

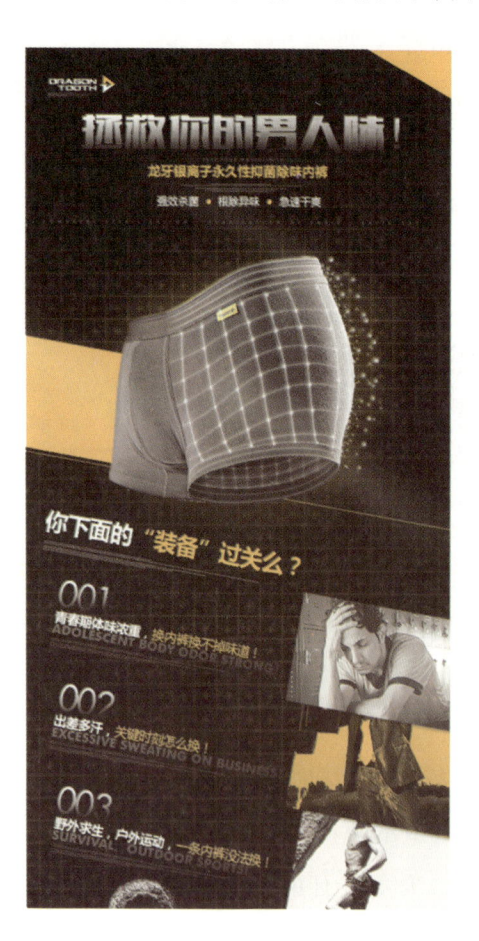

为什么说这个广告语厉害？首先，抑菌除臭银离子这个词很专业，让很多非军迷或者圈外的人很难理解其功能，所以必须用其他的方式来表达除臭。其次，要选择受众喜欢的文案和有代入感的画面,那就要忘掉技术表达,而是学着"说人话"。既然已经分析出,受众就是军迷,他们爱好和平,喜欢关注战争里的所有,那是不是就要用他们喜欢的军事语言表达呢?所以,我的师弟用了"拯救"来提升受众的格调,用"你的"产生了专指军迷粉丝,用"男人味"这种接地气的语言转化销量。

页面中我们对"永久银离子技术"和"特殊纤维材质"做了介绍。

项目在上线的那段时间,项目争取到了京东商城主站搜索框的广告位,确实很厉害。流量相当精准,也就是说,当用户搜索内裤的时候,会自动跳出龙牙内裤的众筹页面的链接,这样高转化的流量让所有的商家都很眼馋。龙牙自身的流量和京东的流量有很高的重合部分,这也使得项目的站外引流做得极其成功。

项目唯一美中不足是,让品牌方产生了一些客服困扰。由于服装类的众筹,很容易产生选错尺码的问题,这就增加了不少退换货的问题。因此服装饰品的众筹,应该注意选择标品,被选颜色也应该相对简单些,从而避免退单或者支持者选错尺码的问

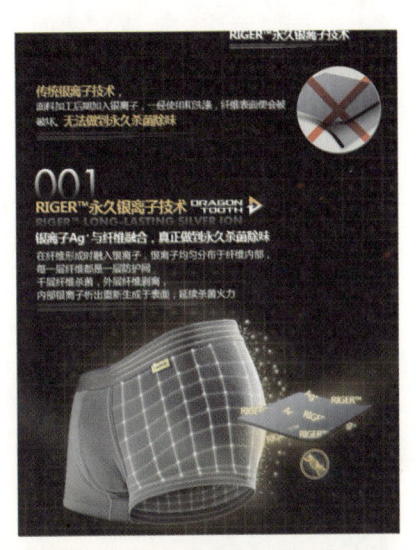

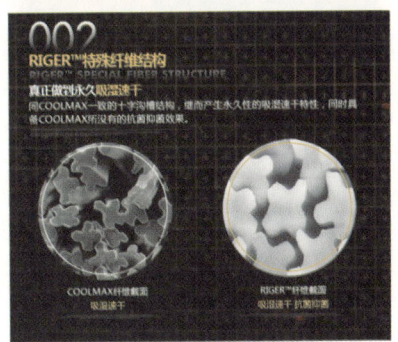

题。退换货对于支持者也是一种负面口碑，一定要在建立在线的服务咨询群，在发货前就解决各种售中问题。

透过现象看本质，社区的流量是最好的众筹发动机。好多众筹项目的失败，就是没有找对产品定位，把众筹当成了聚划算，没有引流，没有粉丝，直接把淘宝的页面搬到了京东众筹平台，也使得商家自己很郁闷。具有很强的粉丝群体的产品，可以通过众筹快速聚焦，同时解决购买支付问题的后顾之忧。如果再能提速发货，那所有社群属性的新品，肯定来一个"爆"一个。

06 智能母婴产品从安全出行开始
——贝适宝智能儿童安全座椅

贝适宝，让我重新理解父爱是深沉并且有责任感的。贝适宝从品牌定位到WVI（电商品牌识别系统），到电商整体营销思路，布局京东众筹，都是我们与品牌方共同成长的见证。

贝适宝登录京东众筹平台之后，也在雏鹰计划的战略布局下，成为京东众筹入资的国内少有的母婴类目的智能安全品牌,在儿童安全座椅行业中,抢占了智能出行这个类目众筹的标杆品牌!

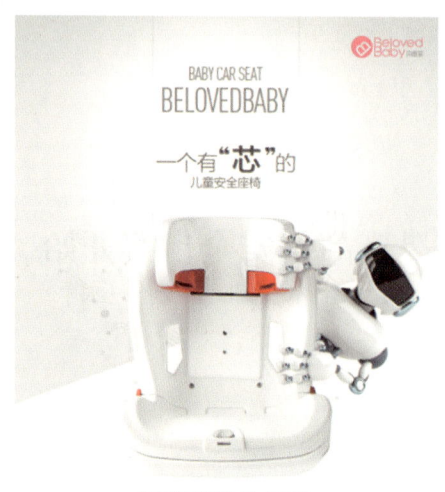

项目的成功,与以下三个关键点密切相关。

第一是国家政策倾向与行业发展。

随着国家安全出行的种种法律条款的实施,更多的城市要求儿童安全座椅提升到强制使用状态,保证了儿童出行的安全。中国的汽车总量已经是个非常惊人的数字了,在如此大的市场前提下,转化儿童安全座椅的数量,那就是顺水推舟的事情。

二胎政策的放开,也是对儿童安全座椅市场的一个利好信号。特别是在一二线城市,原本就拥有两辆车的车主,一旦成为二胎的爸爸妈妈,那购买力一下子就把安全座椅的销售量提高了。

贝适宝选择了一个不错的上线时间,2016年5月20日。520是一个很不错的营销节点,不论是爸爸妈妈爱宝宝,还是夫妻之间的关心与爱护,安全座椅的出现时间,一定是大家给自己家"小情人"买礼物的好时机。

第二是全网资源与人脉"火力全开"。

贝适宝的 CEO 有着黑马会的强大资源。他通过黑马会整体商业社群版块,燃起了更多的商业合作与社群推广。通过黑马会的渠道,贝适宝先得了战局优势,击败了更多的同类产品,并且在同年获得行业不少奖项。

贝适宝的电商团队负责人,利用多年的电商经验,甄选出京东众筹平台。利用良好的电商众筹版块,通过商城资源,打通众筹出行阵地,让贝适宝的主力军和萌军紧密配合,在微信平台开启上发布会，京东商城、众筹等多平台获取了大量的优质广告位。

贝适宝最佳的策略选择——进入雏鹰计划（现京东众创）。通过良好的BP（商业计划书）宣讲，征服了雏鹰计划的专家小组。通过京东众筹内部大流量，完美获得大力的空中支持，让更多的资源倾向贝适宝，使得品牌快速成为继小牛后另一个出行品牌的标杆项目。

第三是众筹卖点突出。

京东众筹平台的人群，是这次众筹成功的原因之一。爸爸和准爸爸的客户群，看到这么科技的产品，能不喜欢吗？更重要的一点是，好多爸爸会开快车或在车内吸烟，宝宝在车里有不舒服的感觉，但爸爸们却不会察觉。贝适宝智能安全座椅可以通过APP去纠正家长的开车习惯，并检测车内状况，使宝宝们获得更舒服的坐车环境。手机端APP的记录与手动报警，以及大数据云端服务，可以让儿童安全座椅+智能控制系统+三位一体操控，做到全方位守护儿童。

透过现象看本质,对于仅仅是母婴或者仅仅是智能产品来说,京东众筹平台同样喜欢。当智能加上母婴的属性,这个产品一定是在风口,能大卖,并且会有好的口碑。理由很简单,众筹平台,已经成为每一个准爸爸或者新手爸爸淘尖货的聚集地了。

众筹很盲

07 男人的角度看怀孕之"成就爸业"
——优孕保孕期全程智能专秘

了解我的人都知道，本人在众筹圈里有三宝：博乐宝、贝适宝、优孕保。这三个产品看似跨度很大，其实又相互关联。第一个是做净水的，第二个是做儿童出行的，第三个是孕期产品，三个产品的核心目标人群都是宝妈。

谈到优孕保，是我操盘案例中，偏医药产品、偏小众、主观感觉偏女性购买的一个产品。产品原本的目标市场是医院患者群体，不论是优生优育，还是不易怀孕群体，都可以使用。目标都是通过科学手段，检测并且告知备孕夫妻最佳的怀孕"黄金时间"。黄金时间为"6小时"，而这个理念，也是优孕保整个团队在美国与中国两地共同研究出的成果，在测试过程中，也帮助不少夫妻怀上了宝宝。

调研身边很多准爸爸的想法，包括90后，都会考虑优生优育，但是对这类产品的认知度很低，但并不排斥。我的策划总监老王通过他的创意，从三个创意思路中选取了"成就爸业"的概念，拿下了品牌方的心。成就爸业，感觉很有成就感，也是深一层的告诉众筹支持者，优孕保是通过精准预测排卵期，最科学的方式受孕，极大地提高受孕概率，让受精卵质量佳活力强，并且提升获得优质宝宝的几率。

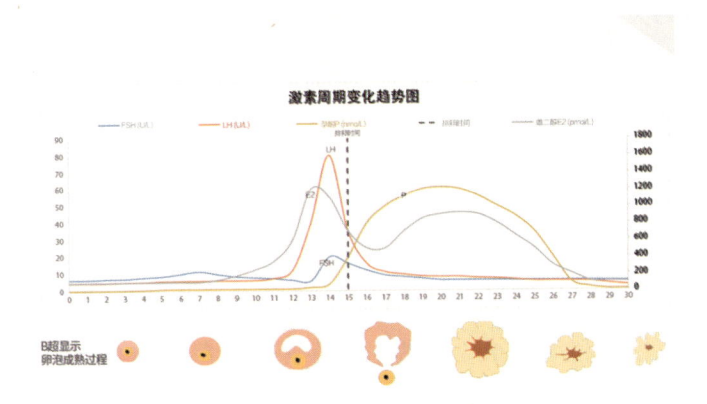

众筹很盲

四重价值 一个目的
抓住你的黄金6小时

- 极大提高了受孕的概率
- 受精卵质量佳活力强
- 怀上优质宝宝的几率更大

  在众筹期间,我们利用平台的规则,更换了不同的创意广告图,包括更换了像"都什么年代了,还用老一套备孕"的标题,来吸引年轻人的关注。

  说回产品,医药产品或者计生用品是否合适众筹平台呢?我觉得,只要产品有新意,不是仅说卖点,应该什么产品都可以推得出去。

  凡事都有正反两个方向,如果我告诉你,响应国家号召,优生优育,生个健康的宝宝,那你一定会想到我推荐的优孕保。与此同时,是不是还有一个问题也可以说说呢?那就是避孕。那优孕保能很好地通过测试,利用 APP 上的数据来助孕,那是不是也能很好地避孕呢?答案是,必须的!

  优孕保除了关注优生优育,也在致力未来的"家庭医生"的概念,通过众筹的设备，可以拓展出更多的测量试纸，检测家人其他疾病的内容，比如高血压，糖尿病等等。这种产品布局，也是为了能获得更多的营销机会，让众筹的产品变得更有价值。

透过现象看本质，对于母婴医疗产品，众筹风险确实会有，但是架不住好产品自己会说话。通过线下的医疗渠道、社区渠道、代理商渠道，用线下包围线上的打法，点对点地打，让用户看到众筹项目，体验产品的优势。让28原则的20%受益，用80%的口碑传播，就会更省力。众筹平台上的男性还是挺多的，利用产品的特点，基于APP的使用，让男性节省时间，科技孕育，利用大数据解决助孕，这样便很容易在平台上找到共鸣。站外通过DSP和社交媒体的广告直投，寻找精准的未孕夫妻市场，会给项目方意外的惊喜。

众筹很盲

08 品牌生态链的强大爆发
——云米超能净水器V1

每一个团队都有他专业一面，而对于云米来说，让我深深感触到"集团品牌"的强大，行业生态链的布局的重要性，用品质说话，用服务影响销售。

云米以他们的主力产品云米超能净水器V1，登录了京东众筹，最终达到1003万的众筹业绩，完美收官。V1的出现让整个行业重新认知了小米，同时也重新定义了净水器，几乎秒杀了所有的竞争对手，领跑了行业整体水平。

　　净水器现在几乎家家必备，所以再多的语言也显得苍白，无法让用户感受云米的强大。我们在页面用了很多细节图，全方位展现它的外观和设计。

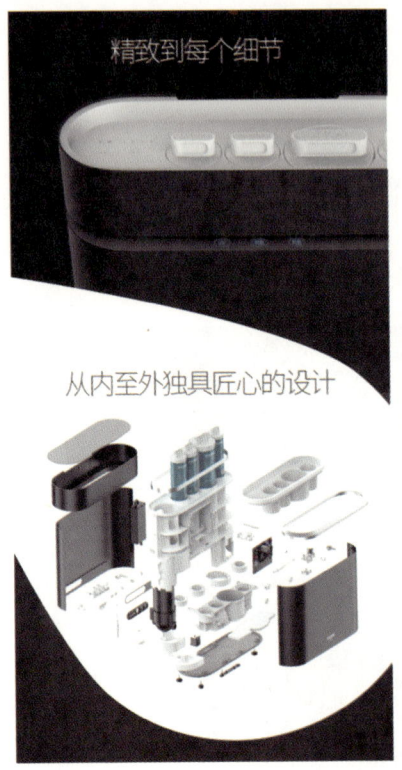

总体来说，云米是一个很好的消费升级类产品。过去习惯使用饮水机的用户，慢慢学会了用净水机。产品的迭代，有时候是因为客户被社会的认知所引导。云米作为小米生态链高端产品线，在众筹期间做好了整个项目的布局，而且把所有的资源和预算最大化。

对于项目的推广来讲，在不同的阶段选择了相应的众筹服务商变得尤为重要。在产品定位与视觉营销阶段，选择了我的团队。在品牌和内容推广方面，云米同样选择了国内一线的内容服务商——熊猫传媒。

云米的外观绝对领先了行业的水平，对于整体的视觉营销而言，我个人觉得，我们为产品拍摄了一部彰显科技风的视频成为了众筹的"亮点"。而这个"亮点"也为云米 V1 在全国的线上线下的招商会，打造成为渠道商眼中净水机行业最高端市场的"新宠"。

在整个众筹期间，项目方联动了中国儿童少年基金会，发起了儿童健康饮水公益计划。凡是支持并购买云米的用户，购买的费用中有 10 元钱捐献给了基金会。云米做了公益，还在当年荣登了京东众筹 6·18 英雄榜。

众筹很盲

透过现象看本质，具有强大集团品牌的新品，是十分需要一个很好的整体营销策略。通过线下的发布会，让站外的流量为平台"输血"，效果相当显著。好的视频也有助于用户了解产品卖点，云米科技感的视频，给大家留下很深的印象。用户喜欢颜值高、有科技感的产品，云米的成功，也成就我们完成了第一个千万级的项目。

>>> 第三章 众筹案例

09 旅游场景电商第一炮
——都市精英3天2晚厦门之旅

当穷游成为年轻人追捧的旅行方式,如何选择一条适合自己的自由行线路就变得特别重要了。

年轻人很喜欢旅游,但是如何做攻略,有没有时间做攻略,我们在出行的时候场景又是什么?会不会有一个叫做"旅游场景电商"服务商呢?一站式服务消费者,不同于携程、途牛,也不

153

众筹很盲

像 airbnb！

当我了解目前各大旅行网站的优势和劣势，同样也了解榴莲旅游所处的"目的地"旅游服务之后，我确定做一次旅游众筹。

榴莲旅游的整个服务理念，是通过微信服务号，把这些当地的商家联合在一起，推荐一些有意思或者定制化的路线，推送给那些爱玩的旅行者。而且他推荐的肯定地道、便宜，感觉比看马蜂窝还直接。然后订制成一条可供选择的个性化旅游线路，供年轻人进行消费。榴莲旅游的商业模式出现，其实也在证明国内"场景旅游电商"的可行性。

榴莲旅游的服务有以下几个特点，第一，全程用微信服务号，包括支付。从下单到支付，不需要离开微信的平台，减少用户跳转与重新登录的麻烦。第二，更人性化地推送旅游信息和线路导航，让用户一个手机走遍厦门。第三，全部内容都绑定了最优的服务，比如叫车服务、吃饭服务、礼物服务等。第四，还有旅行中的彩蛋，让用户在不经意间获得惊喜，并且可以分享朋友圈，完成任务。这么多好玩的服务与体验，让我觉得这个项目就是最火的场景营销体验，服务超前！整个项目就突显一个宗旨：用有形的内容展示无形的服务。

众筹很盲

游在厦门，懒没关系
50位旅游达人已为你探测路线，让你玩出地道

A 坐敞篷跑车
环岛畅游览尽厦门的风光

B 乘帆式游艇
体验飞速前进的海上景观

C 再去曾厝垵
感受中国具有文艺范的渔村

D 看南洋骑楼
听巷子里的南音遥望大海

E 走遍沙坡尾
看厦门古老港口潮人潮店

这些图片的展示是不是一目了然，一下子就让用户对厦门充满无限向往！

众筹的 3 天 2 晚的都市精英项目，比一般的旅行社的费用要高，但是每个环节的设计，以及服务的个性化定制，确实是值得支持者尝试的。只不过项目刚刚结束，就遇到了厦门的自然灾害。这也是让我们意想不到的，直接导致项目后期没有产生复购。俗话说，天灾人祸，我们不能抗拒。这也是给我深深地上了一课，凡事都要有 B 计划，以防不时之需。

透过现象看本质，旅游行业的众筹依然有市场空间，首先要选择合适的时间推广，还要了解用户的偏好。过分地定制与个性化服务，

众筹很盲

不太适合像京东这种标品类的平台。因为一旦产生客诉问题,既影响自身,也会无形中带来不好的印象。从我个人角度来看,旅游类服务众筹慎重选择,特别是旅游淡旺季、相关配套服务完善问题,一定要让用户考虑好,毕竟旅游不是实物,冲动性消费下会有相对多的退单问题。

⑩ 让场景电商落地
——贝京致，开创高端插座新境界

不要跟流量电商说再见，场景电商路还远。

想想多少大人物在讲IP，在讲场景，到底有多少人能做到很好地转变？我觉得不多。真实的场景在哪儿？各种需求就隐藏在我们身边，只是很少有敏锐的眼睛发现它们。微创新，改变我们对产品

众筹很盲

的理解、卖点,请用场景痛点转变。

贝京致是智能插座的名称,除了名字好,贝京致还通过设计美学和场景化需求,打动了我和更多的消费者。

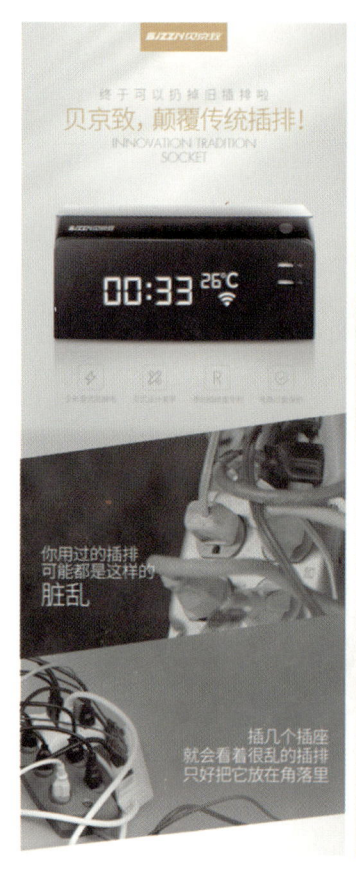

一提到插座,大家最先想到的通常是公牛,他们从拼价格到拼品牌,不知道走了多少年。可插座通常是要放在桌子下面的,因为碍事、不好看,甚至怕小孩触电,所以好的插座都是实力派。随着智能手机的兴起,插座的种类和功能多了起来,有 USB 快充插口，有带 Wi-Fi 功能，这一下子就把插座武装得像个"网管"。

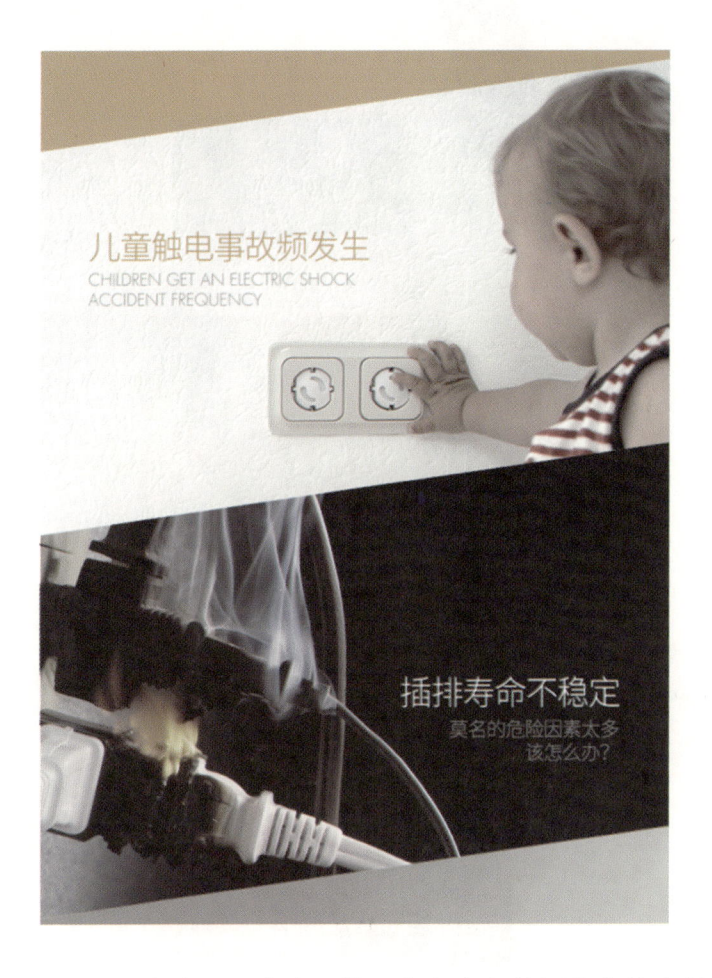

那如果把贝京致也比喻成网管，那它肯定是颜值高的小鲜肉。它的颜色有两种：经典白和暗夜黑。屏幕上有温度和钟表，内壳里有插口，外面有快充，最实在的是有 Wi-Fi 放大器模块。

众筹很盲

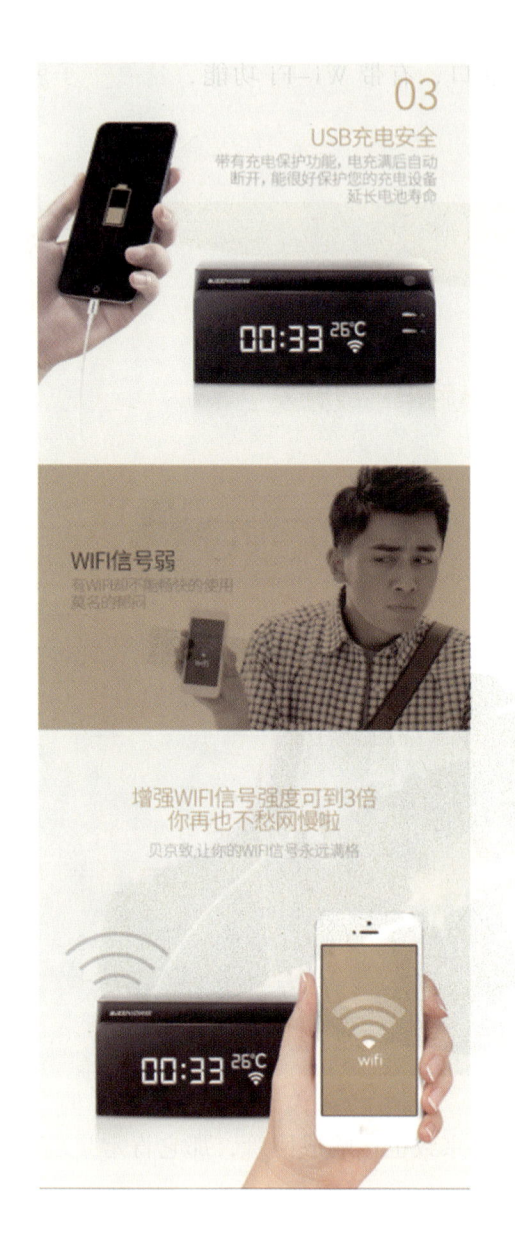

贝京致的最大特点是，它自己的"贝式"安全设计，所有的插头都藏在盒内，减少儿童触电和用水触电的危险。

>>> 第三章 众筹案例

01
移动式翻盖结构
每个插孔都有安全门
从外部防止触摸，小孩想摸都摸不到

有人说我在讲详情页，但我觉得这些卖点解决太多人的痛点了。而这些痛点都是我们真实生活中的场景。

第一场景营销，餐馆。

聚会已经成了好多人的奢望，由于过于忙碌，大家见面总显得很困难，因为要大家都有时间真的很难得。即便聚会，大家也会拿着手机继续忙工作，刷朋友圈，这时充电宝就成了新宠。我个人觉得充电宝已经不是什么新鲜产品，可还没成生活必需品。我经常有这样的场景，拿着手机放到饭馆的前台，让他们充电。说实话，不管充多久，心里一直会挂念，担心错过重要电话。如果在这时候，包间里有一个贝京致，是不是可以解决充电无策的尴尬呢？

第二场景营销，办公室。

目前互联网主流配置都是笔记本电脑，那意味着每个人都要用

Wi-Fi连接上网。那公司的网络是否稳定，信号是否有死角，每个员工的信号是否良好，这些问题就都成了影响办公效率的因素。每个人办公桌会摆放什么呢？书、办公用品、玩具、水杯、台历，或者更多东西。如果你的充电需求非常多，如手机、iPad、移动电源等，你的桌子上肯定有插座或者插排。外观好看，还显示温度、时间，还具有 Wi-Fi 信号放大功能，这样的插排你会不会选购呢？

第三场景营销，咖啡馆。

咖啡馆是很多年轻人喜欢的场所，去咖啡馆的人，对于环境、咖啡的味道、地理位置，以及品牌都会有偏好。在这里出现的人，会有统一的需求：喜欢这里的情调。贝京致的外观和功能足以支持这些人的心理预期，而信号放大功能会成为主要卖点。它另外一个隐藏卖点是，可以定制颜色和外观图案，那就是把插座进行软装提升品位的法宝。

透过现象看本质，贝京致的产品是消费升级类产品的入门款。没有所谓的 APP 辅助，没有伪刚需的外观，简单明了地满足小资用户的需求。虽说产品可能是过度替代品，但是随着硬件的优化，软件的不断更新，产品可以快速为智能产品做好铺路，让更多的智能家电进入市场，以满足人类不断发展的需求。而最最关键的是，通过贝京致的项目提醒我们，所有的品牌在注册的时候，一定要提前做好各种资质、logo、名称等的准备，俗话说，兵马未动，粮草先行。

11 声音从此可以不一般
—— 塞宾 Alaya3D 录音耳机

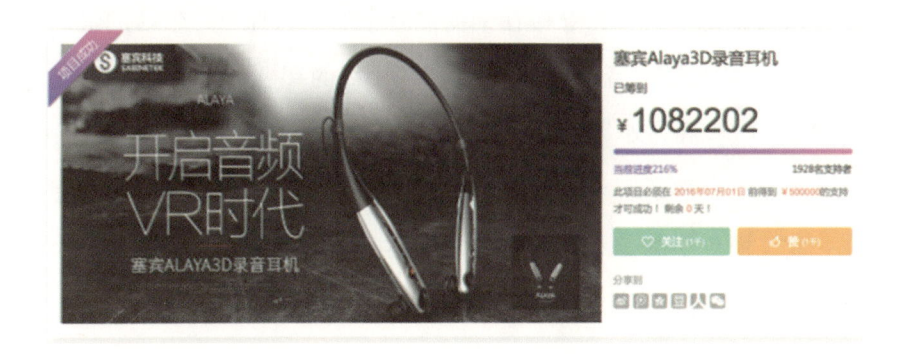

把产品做到极致，让历史永远记住。

耳机行业也算是个红海市场，能做出差异化的产品，应该是很难的一件事。而塞宾的产品也是在尝试改变人类对声音的理解。

智能时代离我们越来越近，从家电到穿戴，无奇不有。在这么多种类的产品中，你会为什么卖点而买单？我猜，肯定不是那些看似很到位、很黑科技，但并没什么用的伪刚需吧？如果你被伪刚需打动了，只能说明你活在自己的世界，喜欢憧憬着未来。

说智能产品之前，我们先了解一下什么叫刚需。刚需即刚性需求，它的反义词是弹性需求。相对于弹性需求，刚需指商品供求关系中受价格影响较小的需求，如房产、人才。简单地说，刚需就是你的基本需求。那伪刚需呢？它其实是智能硬件的研发团队在猜想用户的想法，然后让市场部包装卖点，解决终端销售，他们的想法是不是有点不实际？

塞宾对我来说，是一个让声音还原生活的神器。了解我的人都知道，我最大的爱好就是听音乐。每天上下班路上，必须戴上耳机，让音乐陪我走过人群，穿梭在钢筋混凝土的"森林"。生活的最后一丝独处时间，就是音乐和我了。所以一个好的耳机对我来说很重要，它就是连接我和另外一个世界的钥匙。

当我第一次了解塞宾的时候，我没有把它跟三角铁等品牌联想在一起，而更多的是和功能性的录音笔串了起来。因为塞宾这个小家伙很神奇，它能通过3D录音功能，还原你现实的生活。

有人说，这不是你说的伪刚需吗？我想说，肯定不是。因为3D音效是未来一个最大的风口，大家都知道有个叫 AR 和 VR 的技术，在国内即将盛行。比如某股价暴涨，难道不是游戏"口袋妖怪 GO"这匹黑马所导致的吗？

我们考虑在详情页里，铺垫各种场景，这样应该会有很多用户对塞宾感兴趣。在主播、教练、表演者等录音爱好者面前的完美呈现，会使塞宾快速成行业里比较热门的一款产品。

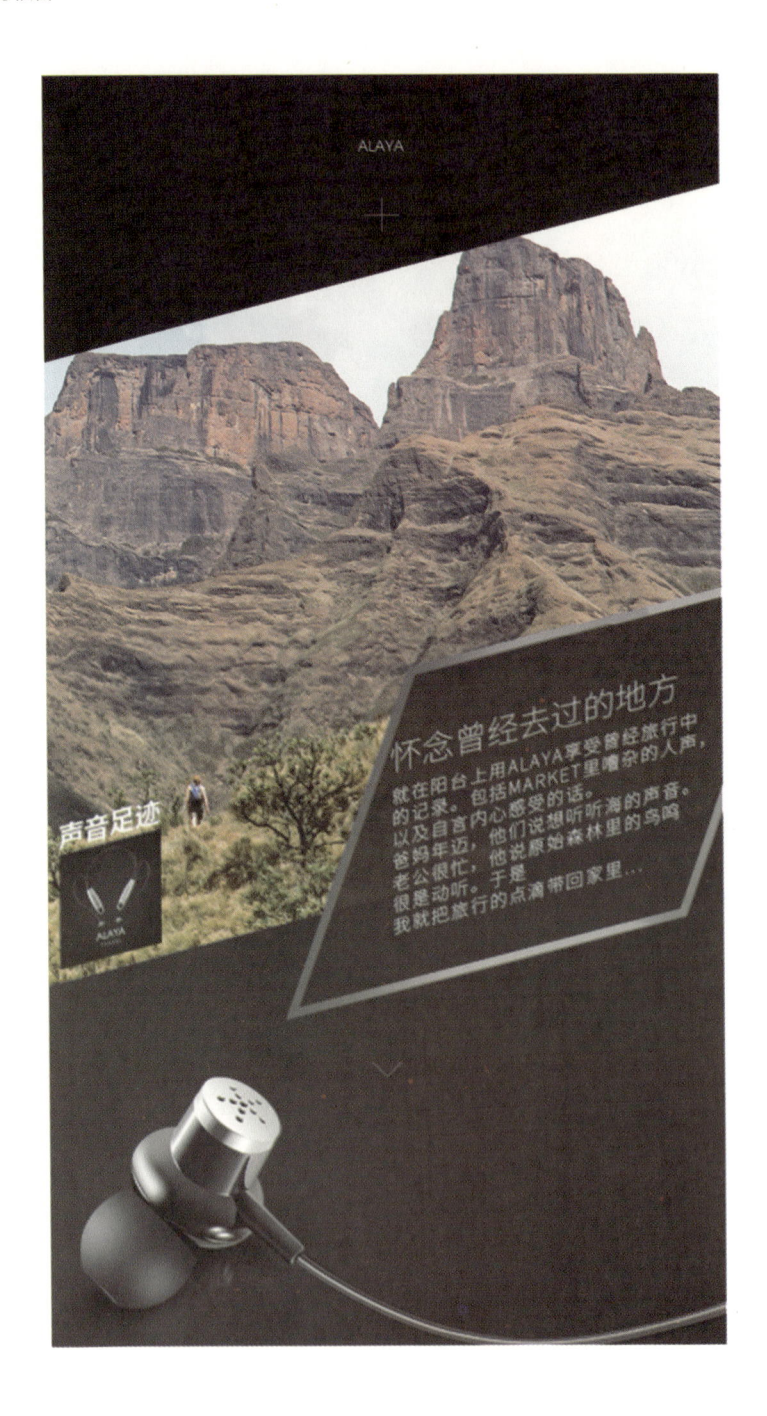

众筹很盲

怀念曾经去过的地方

就在阳台上用ALAYA享受曾经旅行中的记录。包括MARKET里嘈杂的人声，以及自言内心感受的话。
爸妈年迈，他们说想听听海的声音。老公很忙，他说原始森林里的鸟鸣很是动听。于是我就把旅行的点滴带回家里…

声音足迹

ALAYA

>>> 第三章 众筹案例

众筹很盲

在详情页面中，我们还用图片进行了细节和功能展示。

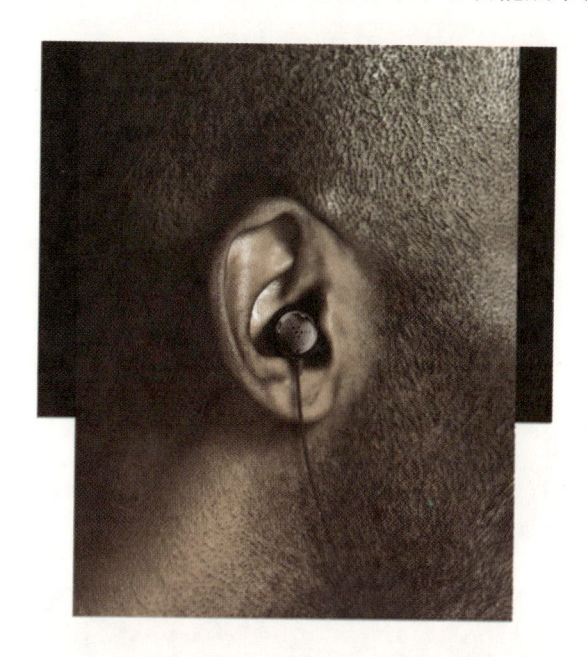

众筹很盲

堪比录音专业电容麦
更是听歌、录音一键切换的时尚耳机

15小时超长续航
蓝牙4.0 高速低耗拒绝扯和绕，无线无束缚

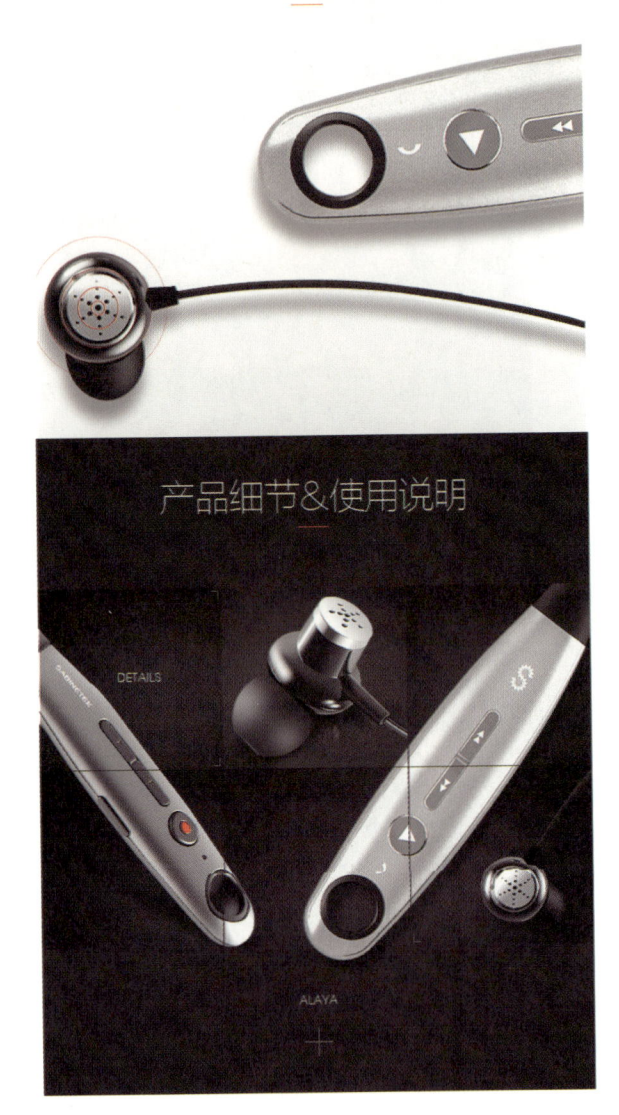

产品细节&使用说明

DETAILS

ALAYA

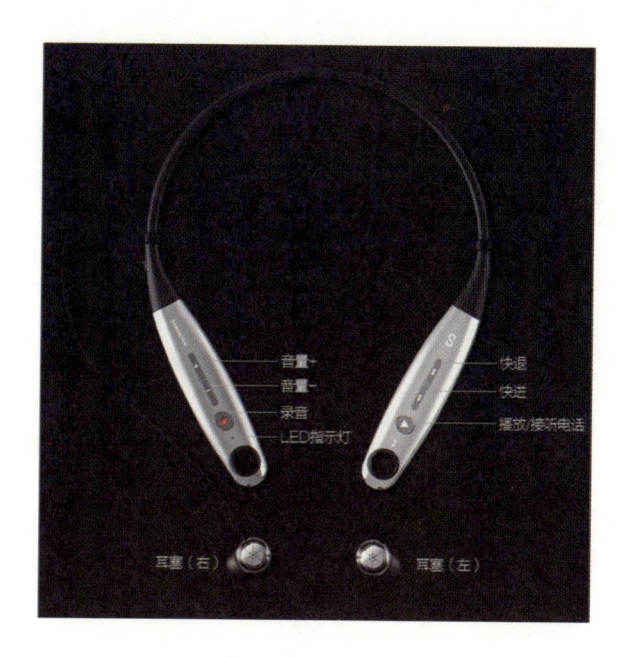

透过现象看本质，塞宾的成功源于它的技术和推广。人头式 3D 录音耳机，在国内应该是领先技术。再加上配套产品，全景录音麦克风，就可以完美打造一个录音，直播，演出的全景体验效果。说实话，我第一次试戴的时候，居然被吓到了，耳机里传出来的声音里有小狗叫和孩子的跑步声，逼真地让我从椅子上跳起来。

说到推广策略，塞宾的战略是从线下的活动展示，到社交媒体等，包括与国内知名的音乐类节目合作，那可称得上是全面开花，塞宾在音乐设备中着实地火了一把。

在整个众筹期间，喜马拉雅 FM 的开屏广告，引导更多种子用户点燃了购买塞宾的欲望。塞宾一定会赢在 VR 和 AR 盛行的时代，它会是暴风影音最好的合作伙伴之一，至少在主播和游戏的场景下，塞宾会独占一大块市场。

众筹很盲

我们现已为音频
分享平台提供设备及资源

产品合作

BMN 北京广播电视台　9xiu.com 九秀　IngDan 硬蛋

奇秀　LeShow 乐秀　9158.COM 聚乐网

渠道合作

JD.COM 京东　亚马逊 amazon.cn　Brookstone

内容合作

　　　　听 喜马拉雅FM　YY.COM 就是爱YY

荔枝FM　酷我音乐盒 mbox.kuwo.cn　蜻蜓.fm 倾听,世界的声音

>>> 第三章 众筹案例

12 四次元的生活
——卫叔的梦想

如果你还是二次元的粉丝,那我要告诉你什么是四次元的产品。

说到二次元,大家都会认为是新市场,比如 bilibili、cosplay,这些都是一些二次元最爱的东西,可什么是四次元呢？先补充一下二次元的基础知识,二次元广泛在 ACGN 文化圈中被用作对"架空

175

世界"或者说梦想世界的一种称呼，但 ACGN 并非等同于二次元。相对应的，ACGN 文化中通常将"现实世界"称为"三次元"。早期的游戏作品都是以二维图像构成的，其画面是一个平面，所以被称为"二次元世界"，简称"二次元"。而与之相对的是"三次元"，即"我们所存在的这个次元"，也就是现实世界。

如果你依然听不懂，那我就用卫叔举个例子。卫叔原本是二次元的一个动画形象，他的形象是大卫之选咖啡品牌的虚拟人物。卫叔是一个戴着墨镜的男性卡通形象，从初期单一形象到现在丰富的表情、衣着、动作，幽默的语言，一个性格和阅历丰满的形象跃然入眼。

卫叔的形象俘获了大量年轻貌美的女生，基于此，卫叔组建社群，搭建了一个以自己为王，形成有娱乐、管理和咖啡文化的三大体系：负责各大群日常管理、各类话题的讨论、以及给社群发展献计献策！大卫之选早期是高端生活服务类实物产品，后来才转型为咖啡系列产品。

我和品牌方商量了卫叔的优势和做众筹最大的盈利点，可以让卫叔的IP变现，让咖啡拥有四次元属性。整个众筹活动期间，卫叔自身的京东店铺有销量增加，线下的影响力也有不断内容输出。卫叔的四次元的玩法切了一个很新的市场——年轻人的第一包定制咖啡豆。卫叔的品牌调性也很招众筹平台上有品位的用户喜欢。线上店铺的挂耳咖啡以超高的性价比，完败之前所有的与咖啡相关的众筹产品。品牌方很好地利用线上推广和线下实体店的结合，用话题、订阅号活动，直播，京东线下体验等多种形式，吸引了更多的众筹用户与暴涨了卫叔等总粉丝数，活动效果很好地激活了粉丝的传播力量与强关联购买力。

众筹很盲

卫叔的创新
—— INNOVATION ——

卫叔和咖啡师、烘焙师在自己的咖啡馆里做过无数遍实验，购置不同设备烘焙各种的咖啡豆，做了上百次的杯测后，摸索了一种特殊的选豆标准和烘焙技巧，并把这种方法命名为"赤道烘焙法"。

卫叔的赤道烘焙法
THE EQUATOR BAKING METHOD

赤道烘焙法是一种通过风门、火力的微调来改变咖啡豆烘焙过程中失水曲线、豆表温度曲线、糖分焦变曲线的烘焙方法。这种方法即可以还原咖啡作为水果本身的风味又能够提高咖啡豆的甜感，降低咖啡豆的苦度，使烘焙出来的咖啡豆风味更加的惊艳。

THE FOUR PRINCIPLES
四大原则

多口味小剂量，高度私人订制，满足不同的口味。

精致单品咖啡豆，从烘焙到包装，全流程细节把控。

不需要复杂的器具，一个杯子就够了

最重要的是你我都能买得起

众筹很盲

　　透过现象看本质，具有广告营销与社群营销的品牌，一旦能调动好粉丝力量，项目的基础销量会很快增长。自带粉丝属性的品牌可以通过众筹背书，让更多新用户降低购买决策成本，使得粉丝购买时有信服感与参与感。外加实体店的销售转化，可以减少支付的跳失，并且增加用户体验，在项目未结束时，就产生了更多的复购，提升广告的 ROI（投资回报率），使得获取用户的成本也大大减少。卫叔在众筹期间也成为红人，让虚拟网红力量也敲动了更多的话题，最终让项目能做到相对好的结果。

13 一个照顾男人胃的产品
——上成堂海参

每个爱拼的男人,都有一个对不起的胃,那到底谁能帮忙照顾好他的胃呢?不一定是他的女人,也许是一个小小的海参。

对于关注健康的消费者来说,海参是最好的食疗选择。特别是我,一直很关注健康,所以希望能了解一下海参的基础知识。虽然知道哪里的海参比较好,但苦于不知道哪个品牌最好,所以没有轻易选择任何一个品牌的产品。

上成堂的海参,是我服务过的生鲜食品中不多的"好货"。企业是传统的线下品牌,在大连本地做得还不错,只是迟迟没有做线上营销。因此没有线上营销战地,对于做众筹的项目方是一个相对不利的短板。

食品众筹除了打"品质牌"之外,可以考虑打"情怀牌"。

我的经验判断,海参不应该只打老人送礼市场,应该考虑更多的使用场景和受众人群。打开了礼盒,看到上成堂的产品,都是独

立包装，而且拿到手上的感觉，特别像男人夹着香烟。在事业成功的路上，很多人开始关注并调理自己的身体。原因也很简单，因为各种疾病提前找到了他们，如心脏病、高血压、脂肪肝等。

深补
温和深补
让老人越发精神
HG（海参糖胺聚糖）
能保护神经元哦

即食
食用方便省事
吃HG（海参糖胺聚糖）
血清胆固醇就没那么高

温和
住院老人可以吃
海底生长周期37年
才有的即食海参
精华HG（海参糖胺聚糖）
帮助生病老人营养吸收

所以很多食疗产品开始盛行，包括一些解压类的产品也受到客户喜欢。可是上成堂给我的第一印象是传统，品牌似乎缺了一个形象或者灵魂的表达。我当时构想一个虚拟形象，比如"堂爷"。我的营销理念是，用一个堂爷的形象，把这些客户的痛点一一罗列出来，

众筹很盲

然后用上成堂的海参逐个击破,称为堂爷的粉丝。堂爷就是那种东北老爷具有的品质:仗义、憨厚、高大威猛,生活上可以糙也可以细腻。我勾勒的堂爷会不会真的有原形呢?我想,答案应该是肯定的。

细节展示

参体

肉壁

肉筋

我始终坚信,做营销一定要先了解客户和用户的痛点,否则所有的创意都只能是想象。

这次众筹,我们最大的视觉营销都放在了产品拍摄上了。我觉得我们的摄影团队很出彩,把产品展示很到位。简单地说,如果我们呈现的食品,自己都不想吃,那怎么可能有转化呢?海参的众筹走了十几万的销量,不算好,也不算坏。可是我个人觉得,这也是我第一次正式跟传统企业老板对话。

透过现象看本质,传统企业转型是需要极大的耐心和胆识的。作为一个企业老板,上成堂的程总能积极学习并适应线上营销的思路,也算是不错的案例了。有时营销不仅仅是营销,而是行善。海参是补品,但不是药品。健康不是用众筹买来的,而是需要用一种精神体现的,那就是做良心企业,为老百姓产好产品。在我的书里,我也会默默祝福每一个家庭能多一点快乐时光,少一些遗憾的回忆。

14 最新的科技玩具
——AR 英语立体秀，为爱同行

当科技产品遇到玩具，那造福的不仅仅是孩子，更多的是那些新锐爸爸们。

自从当了爸爸，每次给儿子买玩具我都十分犯愁。用我的营销理论来分析的话，购买玩具的人是我，而玩玩具的是儿子。我从小就喜欢小人（动画片里的人偶玩具），比如特种部队。小人是我儿时所有的回忆,并且我把他们都收藏得很好。可是在爸爸们购买玩具的时候,还有另一个决策人——孩子的妈。

有没有一款玩具能解决孩子一切的学习问题呢?我觉得肯定没有。我的儿子已经开始玩真正的玩具了,到底怎么引导,才能很好地寓教于乐呢?我也一直努力找个平衡点。

阅未来的AR英语立体秀,是第一个让我对AR产品有所认知。AR,全拼Augmented Reality,增强现实技术。AR应用在玩具和游戏中的案例特别多,而最著名的应该是任天堂出品的"口袋妖怪GO",这个游戏已经颠覆了游戏的新玩法。VR是虚拟现实技术,我最向往的buy+也许阿里真的会实现,就在不久的某一天。

阅未来的这款AR英语学习玩具,就是用英语连接了爸爸妈妈与孩子一起学习英语的过关游戏。整个游戏可以依托于手机或者iPad,虽说是家长最不喜欢的

载体，但是好多事情是我们无法阻挡的。孩子玩手机已经是一种习惯，只是适度地使用，也可以增加亲子之间的互动。

一如既往，我们需要先在页面中，将父母的痛点展现出来，让他们共鸣。

阅未来更多强调的事通过独立开发的 AR 英语教材，通过游戏的形式，使得 3 至 6 岁的孩子，有效的能做到 30 分钟轻松拼读 5 个单词。与此同时，3D 实时渲染技术通过采集真实世界里的动植物，结合 AR 增加实现技术，激发孩子对自然和动物的想象力和感知力。

关于这些特点，我们都要在页面中做一个直观的展示，让客户第一眼就能被它吸引，否则的话，玩具市场，类目繁多，客户怎么会一下子被"阅未来"吸引呢？

页面展示中，产品痛点结合产品的特点，相得益彰，既提出问题，又完美解决问题，既完整了页面设计，也满足了客户需要。

项目上线期间，京东线下安排了品牌方的体验活动，京东的员工对阅未来的玩偶很感兴趣，参与线下活动也十分积极。简单地观察了一下，主要有两类员工：一类是年轻的女孩，她们是冲着玩偶来的。另一类就是"妈妈"员工，一直在咨询产品使用方法。阅未来不仅仅在京东总部做线下，同期也在其他地方举办线下体验活动，在整个推广周期，用户体验达到了一个峰值。

透过现象看本质，玩具市场是永远不会消失的市场。而电子玩具产品主导购买者是男性用户，而对于儿童玩具，众筹是要结合线下推广活动进行的，让更多的客户体验到产品的好，才有可能吸引用户购买。而客户与用户不为同一个人的时候，要多考虑客户的购买冲动和用户体验效果。多一个毛绒玩具和 IP 周边的贴纸，有助于用户传播与复购。

15 北美人的北美味道
——科贝尔胶囊咖啡机

咖啡，喝的可能是感觉，不一定是味道。

说实话，有人说，当咖啡加上一个场景，那就等于一个品牌，我觉得"对"！经过多年商务谈判的"洗礼"，我转化成了星巴克的用户。目前为止，我依然只是用户而非粉丝，理由是我不懂咖啡，也不知道咖啡好喝！喝咖啡，有的人是喝味道，有的人是喝感觉，有的人是喝环境。

科贝尔的胶囊咖啡，我第一反应，是一个很小的咖啡机器，泡咖啡用的。后来才发现，是咖啡的类型叫胶囊，而不是设备小。

胶囊咖啡机，兴起于北美市场，而开始风靡于台湾。大陆市场，目前还是个空白区域。谁能成为第一个除雀巢以外的品牌，那这个小众市场一定是他的。胶囊咖啡主要解决咖啡受众好喝但不浪费的问题，在短短几分钟内，冲泡一杯味道香醇而又可以随意带走的咖啡。

我跟品牌方交流过几次，关于科贝尔第二次众筹的目标和创意侧重点问题。我觉得胶囊咖啡机太窄众，如果能把单杯和不同口味放大也许会更好。因为我知道科贝尔的附加商品比主产品更有复购率。这一点是一个产品点醒了我——拍立得。科贝尔本身只是一台设备，我需要把整体的味道往前放，而功能往后摆。拍立得的机器本来不贵，但是盈利点一定是相纸，而且经常脱销。

一个好产品最重要的是定位，要让大家知道你是谁，而不是你认为自己是谁。之前我也提过，咖啡的文化是被咖啡饮料给放大的，可愿意喝手磨咖啡的还是少数人。不是大家没时间，而是没形成生活习惯。科贝尔打造的桌面单杯饮品机，就是唤醒大家喝更多的饮品，而不仅仅是咖啡，这种"多味道"的概念，就像把饮料货架放在了你的办公桌前，随便你挑，这种感觉是不是挺不错的。

科贝尔的第一次众筹,我们也进行相应了分析,发现问题出现在,没有很好地把产品说明白,包括清洗这些小的细节,图片展示也不够到位。经过重新对品牌的理解,与卖点的提炼,包括场景的设想,最终呈现为以下的样子。

众筹很盲

>>> 第三章 众筹案例

忙里偷闲的健康
就要和果汁待一起

专属健康的果饮
就在按下它的瞬间

口味 温度 水量
果汁 40°C 280ML

爱自己
随时随地喝起来

让TA的特殊时期
多一份温暖，多一份舒适

口味 温度 水量
果茶 88°C 300ML

195

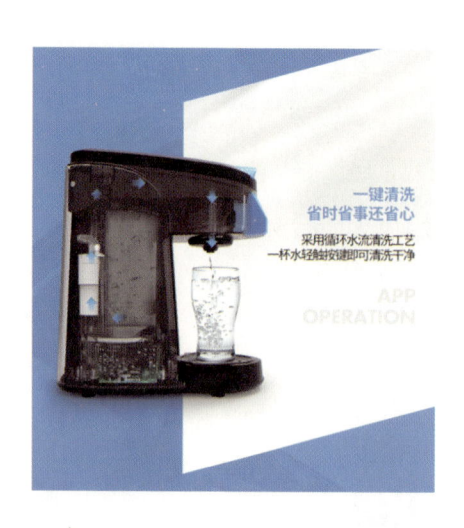

通过视觉包装，通过"12 种口味""3 分钟即饮""智能控制""一键清洗"这些功能展现，第二次众筹上线又赶上了 2016 年最好的电商大促——双 11。胶囊咖啡机也通过"办公室 MINI 饮料机"的噱头，获得了京东平台更多的用户关注，从几百万直接击破一千五百万的销量。

透过现象看本质，国外某些市场的产品，需要有 KOL 的引导，也需要市场一段时间的培养。产品和商品的组合众筹，有助于产生复购。切中适当人群的喜好，放大购买欲望，而避开竞争对手的强势和成熟市场的受众喜好，用"农村包围城市"的方式打众筹，让小众市场成为大众的市场。

众筹很盲

附录：金满铮服务的众筹项目

《黄河万里图》邮票珍藏折

牧羊人生物智能助眠师

孩子的世界，你真的懂吗？

能喝的化妆品，一键还原美丽

申义拍拍 360 图像创意 PK

快递盒中你不知道的秘密

三件客 3D 量体定制衬衫

孕妈专享，留住年轻的法宝！

宠爱全家，别错过顺纤维！

Aladdin3D 打印机

给村长叔叔打个电话吧

八月照相馆 此生爱要不一样

>>> 附录：金满铮服务的众筹项目

雀巢健心金装中老年奶粉

兰桂智能管家

皇鼎 E 锁 智能家居领航者

YOOTOO 智能旅行箱

穿戴式空气净化面罩

龙牙永久抑菌除臭银离子内裤

海德负离子护眼台灯

动力快巴玫瑰花蓝牙音箱

啪嗒 无改装智能遥控开关

陌陌原创手机背贴

触控式无铅抑菌节水龙头

克鲁德——儿童语言升级训练

MacDaddy 儿童防坠锁

来吧！用盐自制消毒液

如何用一件 T 恤拯救中式原创

简彩超高清私人定制移动电源

我渴了智能厨房净水机

妙创意帮您来众筹

贝适宝智能儿童安全座椅

塞宾 Alaya3D 录音耳机

优孕保孕期全程智能专秘

云米超能净水器 V1

京东扶贫 马健荣·早餐会

Dr.smile 美牙仪

都市精英 3 天 2 晚厦门之旅

贝京致，开创高端插座新境界

原生态 大连秋季辽刺参

AR 英语立体秀，为爱同行

科贝尔智能单杯饮品机